성장 회복과 중산층 복원

~~내란~~
예방
경제학

성장 회복과 중산층 복원
내란 예방 경제학

1판 1쇄 펴냄 2025년 8월 20일

지은이 원승연·강신욱·김혜원·허석균·주상영·박복영·지만수·김계환·
　　　　정세은·이선화·임일섭·박성욱·박창균
발행인 김병준·고세규
발행처 생각의힘
편집 정혜지·정차임 디자인 김경민·예온디자인 마케팅 김유정·신예은·최은규

등록 2011. 10. 27. 제406-2011-000127호
주소 서울시 마포구 독막로6길 11. 2, 3층
전화 편집 02)6925-4183, 영업 02)6925-4188 팩스 02)6925-4182
전자우편 tpbook1@tpbook.co.kr 홈페이지 www.tpbook.co.kr

ⓒ 원승연·강신욱·김혜원·허석균·주상영·박복영·지만수·김계환·
　　정세은·이선화·임일섭·박성욱·박창균, 2025

* 이 책은 저작권법에 의해 보호를 받는 저작물이므로
  저자와 출판사의 허락 없이 내용의 일부를 인용하거나 발췌하는 것을 금합니다.
* 책값은 뒤표지에 있습니다.
* 잘못된 책은 구입하신 서점에서 교환해 드립니다.

ISBN 979-11-94880-12-7 (03320)

성장 회복과 중산층 복원

내란 예방 경제학

원승연, 강신욱, 김혜원, 허석균,
주상영, 박복영, 지만수, 김계환, 정세은,
이선화, 임일섭, 박성욱, 박창균

생각의힘

머리말

《내란 예방 경제학》은 우리 민주주의를 지키는 데 필요한 경제적 처방에 관해 경제학자들이 고민한 결과물이다. 2024년 12월 3일 윤석열 대통령의 비상계엄 선포가 집필의 계기가 되었다. 한밤중에 선포된 비상계엄은 실체적 정당성도 절차적 합법성도 전혀 갖추지 못한 느닷없는 사건이었다. 하지만 우리를 정말 고통스럽게 만든 것은 그 후에 벌어진 일련의 과정이었다. 국민과 국회의 저항으로 비상계엄이 해제된 이후에는 대통령 탄핵을 통해 헌정 질서와 민주주의가 신속히 회복될 것으로 우리 모두가 기대했다. 하지만 사태는 예상과 달리 전개되었다. 선동을 통해 탄핵 반대 세력이 결집하고, 민주적 절차를 통해 선출된 국회의원과 정당이 이들과 합세하여 법치주의를 부정하는 일이 벌어졌다. 거짓 주장과 선동이 난무

하고 법원에 대한 물리적 침탈이 발생했을 뿐만 아니라, 법적 절차를 가장해 탄핵을 저지하려는 시도들이 연달아 나타났다.

　비상계엄 선포는 대통령의 시대착오적이고 무모한 결정이라고 치부하더라도, 대통령 탄핵 과정에서 벌어진 정치 상황은 개인이나 일부 세력의 일시적 일탈이라 간주하기 어렵다. 그것은 수십 년간 유지되고 발전되어온 우리 민주주의의 존립을 위협하는 행위들이었다. 그리고 이런 위협이 일회성 해프닝이 아니라 근저의 구조적 원인들이 작용한 결과라고 생각하게 되었다. 그 원인은 오래전부터 만들어졌지만, 우리가 미처 인식하지 못했을 수 있다. 이런 민주주의의 위기가 세계 여러 지역에서 목격되고 있기에 더욱 우려스러웠다.

　민주주의가 위태로운 상황에서 저자들은 여러 차례 의견을 주고받으며 공개 심포지엄과 책 집필을 진행했다. 4월에 서울사회경제연구소가 개최한 "민주주의의 위기, 한국 경제의 위기" 심포지엄에서 몇몇 연구 결과를 발표했다. 그 주제를 일반 독자들이 쉽게 읽을 수 있도록 다듬고, 또 논의의 범위도 확장해서 만든 결과가 이 책이다. 우리가 고민한 문제는 크게 두 가지다. 하나는 민주주의 위기를 초래하는 데 경제적 요인들이 어떤 영향을 미쳤는가 하는 질문이다. 또 하나는 만약 그렇다면 민주주의를 지키기 위해서는 경제가 어떻게 바뀌어야 하느냐의 질문이다.

　저자들이 가장 우려스러웠던 부분은 탄핵 반대 집회에 대규모 인파가 결집한 것, 특히 많은 청년 남성들이 참가한 점이었다. 결집의 촉매제가 된 것은 물론 내란 세력과 보수 정치인의 선동, 부정선거 음모론의 확산, 확증편향적 SNS 정보 소비 등이었다. 하지만 참가자 구성을 자세히 들여다보면 더 많은 설명이 필요하다. 자신이 사회에서 어떤 위치에 있다고 인식하는지에 따라 개인의 정치 성향이 크게 달라진다. 정치학자들이 소위 정체성 정치identity politics라고 부르는 현상이다. 성별이나 세대뿐 아니라 경제적 지위의 측면에서 자신을 어떤 그룹에 위치시키는가에 따라 정치 성향이 크게 영향을 받는다. 청년들의 경제 상황이나 지위에 대한 이해가 탄핵 반대나 법치의 부정 현상을 이해하는 데도 중요하다는 뜻이다.

우리는 데이터를 이용하여 경제 상황과 정치 성향 간의 관계를 엄밀히 분석하는 데서 출발했다. 분석 결과 정체된 성장과 그에 따른 경제적 기회의 축소, 그리고 격차 확대가 민주주의 위기의 바탕이 되고 있음을 확인했다. 우리 민주주의의 위기가 극우 세력 급성장이라는 세계적 현상과 맥을 같이 하고 있음을 확인하면서 우려는 더 깊어졌다. 만약 앞으로 저성장과 불평등이 심화하고, 그 결과 다수 청년이 주변화된 집단으로 남게 된다면, 우리 민주주의는 구조적 위기에 빠질 위험이 매우 크다. 우리 논의는 내란과 같은 민주주의 위기의 재발 억제에 필요한 처방으로 이어졌다. 핵심은 성장 동력 회복을 통해 청년들을 위한 기회를 확대하여 미래의 중산층을 두텁게 하는 데 있다. 이를 위한 중요한 몇 가지 방안을 제시했다. 그래서 이 책의 제목은《내란 예방 경제학》으로 결정되었다.

대부분의 경제학자에게 민주주의 같은 정치제도는 익숙하지 않은 주제이다. 하지만 돌이켜보면 경제학은 처음부터 정치제도와의 긴밀한 연관 속에서 탄생했다. 지금 같은 근대 국가가 형성되던 시기에, 한 국가 내에서 경제활동이 어떻게 이루어지는가를 탐구하면서 경제학이라는 학문이 탄생했다. 그래서 초기에 이 학문은 지금처럼 경제학economics이 아니라 정치경제학political economy으로 불렸다. 여기서 정치란 좁은 의미의 정치 행위가 아니라, 국가의 통치 구조나 제도를 의미하는 것이었다. 특정한 법률적 혹은 제도적 환경에서 경제활동이 어떻게 조직되는지, 또 경제가 다시 제도나 정치에 어떤 영향을 미치는지를 탐구하는 학문이 경제학이었다.

산업화가 이루어진 대부분의 국가에서 대의 민주주의라는 정치 제도가 정착되고 법률이 정비되자, 경제학에서 제도 혹은 정치가 갖는 의미는 점차 희미해졌다. 그리고 경제학에 수학과 물리학의 원리들이 도입되면서 경제학은 점차 기능적인 학문으로 바뀌었다. 20세기에 접어들면서 정치경제학이라는 용어는 자취를 감추고 간단히 경제학economics으로 불리게 되었다. 그런데 이렇게 된 것은 경제활동을 뒷받침하는 정치나 법적 제도가 무의미해졌기 때문이 아니다. 민주주의가 정착되고 시장경제에 필요한 법적 환경이 갖추어지면서, 정치나 법적 제도가 당연한 것으로 받아들여져 경제학자의 시야에서 사라졌기 때문이다.

경제학자들이 이런 법률과 제도의 역할에 다시 관심을 기울인 것은 1980년대 후반부터였다. 경제사나 기업 간 거래를 연구하는 학자들이, 시장 형성과 경제 발전을 위해서는 법적 제도가 중요하고 그것을 만드는 정치가 중요하다는 사실을 다시 인식하게 된 것이다. 이런 연구를 선도한 더글러스 노스 Douglass C. North가 1993년 노벨 경제학상을 받으면서, 제도의 문제가 경제학의 영역으로 다시 들어왔다. 소위 신제도경제학이 발흥한 것이다. 이런 경제학 패러다임은 더욱 확장되어 국가 간 비교 연구에도 활용되었다. 나라 사이에 소득이나 성장 속도가 크게 다른 것도 근본적으로는 이런 제도의 차이 때문이라는 사실이 속속 밝혀졌다. 잘 알려진《국가는 왜 실패하는가》라는 책이 이런 연구 결과를 집약하고 있는데, 대런 아세모글루 Daron Acemoglu를 비롯한 이 책의 저자들은 2024년에 노벨 경제학상을 받았다. 이들은 다양한 역사적 사례를 이용하여 민주주의와 법치주의를 갖춘 '포용적 제도 inclusive institutions'를 가진 나라만이 경제의 지속적 번영을 달성할 수 있다고 주장한다. 개인의 자유와 재산권을 보호하고 국민의 정치 참여를 보장하는 제도가 경제성장의 바탕이라는 뜻이다. 이런 제도, 즉 노스가 말한 '개방적 접근 질서 open access orders'나 아세모글루가 말한 '포용적 제도'는 한 마디로 '민주주의'다.

　민주주의가 강건할 때는 그것이 경제학자의 시야에서 사라진다. 일상에서 공기의 중요성을 잊는 것과 마찬가지이다. 하지만 민주적 제도가 흔들리고, 정치적 갈등이 심화하고, 과거의 질서에 균열이 생기면 제도, 정치, 정의와 같은 요소들이 경제학의 범주로 다시 들어온다. 최근 많은 나라에서 정치 양극화가 심화되고 극우 세력이 성장하면서 민주주의가 위협받고 있다. 개방적 세계경제 질서가 보호주의로 대체되고, 지정학적 요인이 글로벌 경제를 뒤흔들고 있다. 기존의 제도와 질서는 더 이상 주어진 조건이 아니다. 경제학도 더는 기능적 학문으로 머물 수 없게 된다. 2024년 초 IMF가 발행하는 저널은 "경제학을 다시 생각한다"는 특집을 기획했다. 협소한 기능 학문의 테두리에서 벗어나, 정치와 제도 등 현실적 변화를 같이 다루어야 한다는 것이 결론이었다. 그리고 권력, 형평성, 사회정의 문제를 더 진지하게 다루어야 한다고 제안했다.

계엄령 선포와 탄핵 반대 세력의 결집은 한국의 민주주의가 생각만큼 강고하지 않으며, 언제든 위험에 빠질 수 있음을 경고했다. 우리의 경제학도 이제는 민주주의를 당연히 주어진 조건으로 받아들이기 어렵게 되었다. 그래서 우리는 민주주의를 다시 경제학의 시야로 들여왔다.

1부에서는 민주주의를 위협하는 경제적 배경을 분석한다. 많은 전문가들이 선동적 극우 포퓰리즘의 부상을 우려했다. 흔히 이런 정치적 극단화 혹은 양극화를 경제 양극화의 결과로 설명하지만, 1장에서 원승연은 한국의 경우 그것만으로는 설명이 어렵다고 지적한다. 지난 10여 년 동안 소득 재분배 정책이 확장되면서 적어도 지표상으로는 가처분소득의 불평등이 완화되었기 때문이다. 대신 그는 재분배정책에 대한 보수층의 반발과 반감에 주목한다. 2장에서 강신욱은 경제적 조건이 정치 성향에 미치는 영향을 통계 자료를 이용하여 엄밀하게 분석한다. 수도권 주민들의 정당 선택 결과를 보면 경제적 조건이 정치 성향에 분명히 영향을 미친다. 일반적으로 자산이 많은 가구가 보수적일 것으로 생각하지만, 분석 결과를 보면 그 관계가 그렇게 단순하지는 않다.

탄핵 과정에서 일부 청년층이 탄핵 반대 세력에 결집한 것은 특히 우려스러웠다. 그래서 3장에서 김혜원은 청년들의 정치 성향 분석에 집중한다. 연령별 정치 성향을 긴 시계열로 비교해볼 수 있는 한국종합사회조사 자료를 이용하는데 지난 10여 년간 20대 남성의 보수화가 30대 남녀, 20대 여성과 달리 심해지고 있음을 확인할 수 있었다. 외국인에 대한 반감이나 북한에 대한 적대감 등은 20대 남성의 보수화를 설명하기 어려운 것으로 분석되었다. 부분적으로 인권 보장보다 강력한 법질서를 선호하는 경향이 청년 보수화와 관련되어 있고 특히 소득 재분배에 대한 선호 하락이 20대 남성을 다른 청년 집단과 차별화시킨다. 이는 능력주의적 분배원리에 대한 20대 남성의 강한 선호와 밀접한 관련을 갖는 것으로 보인다. 4장에서 허석균은 경제성장과 형평성 추구라는 대립하는 조건에서, 이 두 가치에 대해 다른 선호를 지닌 두 집단이 어떻게 정치사회적 입장을 선택하는지를 간단한 경제 모형을 이용하여 설명한다. 이를 통해 경제적 불평등도에는 변화가 없더라도 성장이 둔화하면 두 집단 사이의 정치사회적 간극이 더 벌어지게 된다는 결론을 도출한다. 이는 1장에서 원승연이 내린 우리 경제의 상황 진단과 궤를 같이하는 것이다. 1부에 실린 몇 편의 글은 통계 분석과 경제학 모델을 사용하기 때문에 일반 독자가 읽기에 다소 어려운 부분이 있다. 쉽게 서술하려고 노력했지만 엄밀한 분석과 정확한 설명을 위해 불가피하게 기술적인 부분이 포함되었다. 하지만 그런 부분을 건너뛰고 읽어도 글의 요지를 이해하는 데는 무리가 없을 것이다.

 2부에서는 이런 경제 환경이 앞으로도 계속될 것인지를 검토한다. 5장에서 주상영은 인구구조 변화를 고려할 때 지금과 같은 수준의 잠재성장률을 유지하기가 쉽지 않다고 전망한다. 1부의 분석 결과를 대입하면 이것은 정치 성향의 양극화가 더 진행되고, 성장 혜택에서 소외된 계층이 확대될 가능성이 커지는 것을 의미한다. 선진국과 신흥국을 가리지 않고 많은 나라에서 극우 포퓰리즘이 득세하며 민주주의를 위협하고 있다. 그리고 관세 전쟁과 보호무역주의로 인해 개방적 국제질서가 무너지고 있다. 6장에서 박복영은 이런 민주주의 위기와 개방적 무역질서의 위기가 사실은 같은 뿌리에서 비롯되었다고 설명한다. 반 세기가량 맹렬히 진행된 세계화 과정에서 주변화된 집단이 생겨났지만, 많은 나라가 이들을 제대로 포용하지 못한 것이 두 위기를 낳았다고 진단한다. 계엄을 옹호한 많은 사람이 그 근거로 중국에 의한 선거 조작을 들었다. 이런 음모론에 대한 맹신의 근저에는 중국에 대한 강한 반감이 자리하고 있다. 7장에서 지만수는 이런 혐중 정서가 중국 경제에 대한 객관적 평가를 방해할 수 있다고 우려한다. 매번 빗나가지만 반복해서 나타나는 중국 경제 위기론이나 중국 경제 정점론이 그런 예이다. 중요한 무역 대상국에 대한 잘못된 진단은 큰 경제적 비용을 치를 수 있다고 경고한다.

 3부의 글들은 민주주의를 지키기 위한 경제 전환의 방향에 대해 고민한다. 8장에서 김계환은 정부의 적극적 산업정책을 통해 잠재성장률을 끌어올릴 수 있다고 말한다. 그는 우리 경제가 저생산성 함정에 빠지고 산업구조가 정체된 것이 산업정책의 효과가 떨어졌기 때문이라고 지적한다. 그리고 이를 극복하기 위한 산업정책의 원칙과 방향을 제시한다. 9장에서 정세은은 저성장 탈피를 위해 적극적 재정정책을 주문하고, 특히 윤석열 정부에서 더 강해진 재정 보수주의 극복이 필요하다고 역설한다. 그리고 재정 건전성을 유지하는 방안도 같이 제시하고 있다.

미국이나 유럽의 극우 세력 확장을 보면 지역경제의 침체가 중요한 배경이 되었다. 미국의 러스트 벨트 rust belt 쇠퇴는 트럼프의 재집권을 가져오고, 영국 전통 공업지역의 쇠락은 브렉시트를 초래했다. 독일에서는 침체한 구동독 지역이 극우 정당의 지역 기반이 되었다. 이런 점에 비춰 보면, 지역경제의 활력은 민주주의를 지키기 위한 중요한 조건이라 할 수 있다. 지역의 쇠퇴는 민주주의의 한 축인 지방자치를 위태롭게 할 수 있다. 이런 시각에서 이선화는 10장에서 지역 균형발전을 위한 새로운 접근을 제안한다. 부동산 버블로 인한 자산 양극화는 다양한 방식으로 민주주의를 위협한다. 주택담보대출에 집중하는 우리나라 은행의 대출 관행이 중요한 원인 중 하나이다. 11장에서 임일섭은 은행이 과도하게 안전성을 추구하도록 규제가 설계된 것이 이런 결과를 낳았다고 진단하며 개선 방안을 제시한다.

4부에서는 민주주의의 근간이라 할 수 있는 중산층을 두텁게 만드는 처방을 고민하는데, 특히 금융수단에 집중한다. 부동산정책은 중산층 복원을 위해 매우 중요한 정책이지만, 또 가장 까다로운 정책 영역이기도 하다. 안정적 주거 확보와 자산 증식 욕망 사이에서 정책을 선택해야 하기 때문이다. 12장에서 박성욱은 정책의 초점이 안정적 주거 확보에 맞춰져야 자산 불평등 축소와 중산층 복원이 가능하다고 주장한다. 나아가 정책 효과와 일관성 확보를 위한 여러 방안을 제시한다. 고령화 시대에는 안정적 노후 자금이 마련되어야 중산층에서 탈락하는 것을 막을 수 있다. 13장에서 박창균은 많은 가구의 금융자산이 은퇴 후 소비에 필요한 수준에 미치지 못한다고 평가한다. 그는 이를 타개하기 위한 수단으로 강제 연금인 국민연금과 퇴직연금의 개선 방안을 제시한다.

저자 모두가 세세한 부분에 대해 의견을 같이하는 것은 물론 아니다. 하지만 우리의 민주주의가 위태롭다는 점과 경제적 요인들이 중요한 원인으로 작용하고 있다는 데에는 모두 뜻을 같이한다. 소득이나 자산 격차가 확대되는 것도 문제지만, 경제의 활력이 점점 떨어지는 것이 더 심각한 문제라는 점에도 동의한다. 성장이 부진하면 주변화되는 집단을 더 확대하고 사회적 연대를 위한 재분배정책에 대한 수용성을 떨어뜨린다. 그 결과 다른 정치 성향을 가진 집단 사이의 간격이 더 벌어지고, 사회적 타협이나 정치적 협상이 더 어렵게 된다. 이런 상황은 결국 민주주의를 위협할 것이다. 포용을 위한 정책과 더불어 성장과 경제 활력을 회복하는 것이 절실한 이유이다.

이 책은 민주주의를 더 견고하게 만들기 위한 경제학자들의 고민과 해법을 담고 있다. 첫걸음이라 아직 여러 가지 점에서 부족하다. 이 책을 계기로 민주주의 위기 극복을 위한 경제적 처방에 관해 많은 연구가 쏟아지기를 기대한다.

2025년 8월
저자를 대표하여 박복영 씀

차례

머리말 5

1부 민주주의 위기와 경제

1장 민주주의 위기, 새 정부가 할 일 21
원승연(명지대학교 경영학부)

2장 진보는 왜 보수화되고, 보수는 왜 극단화될까? 37
강신욱(한국보건사회연구원)

3장 청년 보수화의 방향, 능력주의와 공정 추구 51
김혜원(한국교원대학교 교육정책전문대학원)

4장 모형 분석: 저성장이 정치적 양극화를 촉진하는가? 67
허석균(중앙대학교 경영학부)

2부 지속되는 위험

5장 직시해야 하는 저성장 시대 89
주상영(건국대학교 경제학과)

6장 쌍둥이 위험, 보호주의와 극우 포퓰리즘 103
박복영(경희대학교 국제대학원)

7장 혐중 정서와 반복적인 중국 위기론의 위험성 119
지만수(한국금융연구원)

3부 성장 회복을 위한 정책 전환

8장 산업 전환과 미래 투자를 촉진하는 산업정책 137
김계환(산업연구원)

9장 재정 보수주의 극복과 누진적 보편 증세 157
정세은(충남대학교 경제학과)

10장 N분의 1 정책으로는 지방 소멸의 미래를 막을 수 없다 169
이선화(국회미래연구원)

11장 좋은 은행은 '적당히' 위험한 은행이다 183
임일섭(예금보험공사 예금보호연구소)

4부 중산층 복원을 위한 선택

12장 주택정책, 1주택을 넘어 실거주 중심으로 205
박성욱(한국금융연구원)

13장 국민연금의 전문화와 퇴직연금의 연금화 221
박창균(자본시장연구원)

1부

민주주의 위기와 경제

1장 민주주의 위기, 새 정부가 할 일

원승연 (명지대학교 경영학부)

    2024년 12월 3일 한밤의 느닷없는 비상계엄은 한동안 잊고 있던 독재 시대의 망령을 떠올리게 했다. 그러나 비상계엄 이후 심란하게 세상을 보게 된 진짜 이유는 헌법재판소가 파면을 결정하기까지 123일 동안 나타난 한국 사회의 일그러진 모습 때문이었다. 울프 (2024)[1]는 독재자의 네 가지 양태를 열거했다. 첫째, 선거와 같은 민주적인 게임 규칙의 부정, 둘째, 반대자의 정당성 부정, 셋째, 폭력의 용인, 넷째, 시민적 자유와 언론의 억압이 그것이다. 비상계엄을 통해 나타난 윤석열 전 대통령의 행태가 독재자의 그것과 어느 하나 다르지 않음에도 불구하고, 윤석열에 대한 탄핵을 반대하는 여

---

[1] 마틴 울프(고한석 옮김),《민주주의적 자본주의의 위기》, 페이지2북스, 2024.

론이 30%를 넘었다는 것은 충격이 아닐 수 없었다.

탄핵을 반대하는 사람 중 일부는 대통령 파면으로 있을 대선에서 '이재명'이라는 사람이 대통령으로 당선되도록 할 수 없음을 이유로 들면서, 자신은 민주주의를 반대하는 사람이 아님을 애써 강조하기도 했다. 하지만 민주주의를 파괴하는 정치인과 민주주의 질서 내에서 마음에 들지 않는 정치인을 동일시하는 사고 자체가 문제이다. 이것은 결국 민주주의보다 더 중요한, 자신이 추구하는 정치적 지향점이 있음을 고백한 것과 다르지 않다. 헌법 1조의 "대한민국은 민주공화국"이라는 말에 나와 있듯이, 민주주의가 한국 사회의 가장 기본적인 토대임을 애써 외면하는 일이다.

이것은 결국 그동안 강고해져 쉽사리 파괴될 수 없다고 생각했던 한국의 민주주의에 균열이 발생하고 있다는 징조이기도 하다. 최근 민주주의가 후퇴하고 독재자가 대두한 나라에서도 국민이 민주주의를 부정해서 독재자가 출현한 것은 아니었다. 국민이 각자 다른 경제적 이유나 정치적 목적으로 민주주의의 후퇴를 용인하면서 독재자가 자리할 공간을 마련해줬고, 독재자가 일부 정치권과 결탁하여 선거로 정권을 획득하고 나서 장기 집권을 위해 민주주의 제도를 파괴하였던 것이 역사적 경험이었다.

세계적인 민주주의 후퇴

왜 민주주의를 파괴하는 독재자가 용인되는 환경이 조성되는가? 돌이켜보니 그나마 한국은 나은 편이었다. 글로벌 금융위기 이후 유럽 등 선진국의 민주주의는 크게 위협을 받는 상황이다. 극우 정치권이 의회에서 세력을 확대했고, 권위주의적 지도자가 정권을 잡은 나라도 많아졌다.

여러 학자가 선진국에서 민주주의가 후퇴한 가장 중요한 원인으로 경제적 불평등과 사회적 양극화를 지적했다.[2] 특히, 1980년대 이후 40년간 지속된 신자유주의 체제에서 경제적 불평등과 양극화가 심화하였고, 기존 엘리트가 이러한 불평등 악화를 해소하지 못하여 정치에 대한 불신을 유발함으로써 극우의 권위주의적 정치세력이 포퓰리즘을 이용하여 권력을 확대하였음을 강조했다.

무엇보다 우려할 만한 사건은 우리가 민주주의의 모범이라고 생각했던 미국에서 바로 민주주의 훼손이 광범위하게 일어나고 있는 점이다. 〈이코노미스트The Economist〉는 2024년 미국 대선에서 트럼프를 지지한 계층을 분석하면서, 저학력층의 남성 백인이 주요한 트럼프 지지자였음을 보여주었다. 중산층 가운데 성장 사다리에서 탈락하여 경제적 지위가 하락한 중하위 노동자층이 트럼프 지지자로 전환한 것이 트럼프 당선의 주요한 요인이었다는 것이다. 이들이 트럼프를 열렬히 지지한 이유는 경제적 불평등 확산에도 불구하고 이를 해결하지 못하는 기존 정치 엘리트의 무능력과 기득권으로서의 행태에 대한 분노 때문이었다. 이들은 기존의 제도와 틀을 깨는

---

2 이에 대해서는 스티븐 레비츠키 & 대니얼 지블랫(박세연 옮김), 《어떻게 민주주의는 무너지는가》(어크로스, 2018); 파올로 제르바우도(남상백 옮김), 《거대한 반격》(다른백년, 2022); 마틴 울프(고한석 옮김), 《민주주의적 자본주의의 위기》(페이지2북스, 2024) 참조.

트럼프의 포퓰리즘적인 행동에 환호하면서 전폭적인 지지를 보냈다. 결국 과도한 경제적 불평등이 해소되지 않고 지속된 미국의 상황이 트럼프 집권과 민주주의 후퇴의 원인이었다.

유럽에서의 극우 세력 확장도 마찬가지이다. 유럽은 경제적 불평등 문제에 추가하여 이민과 관련한 사회적 갈등이 극우 세력의 준동에 미친 영향이 훨씬 크다. 유럽이라는 평원을 둘러싸고 민족의 이동과 유입으로 사회적 대변화를 종종 경험한 역사가 있는 유럽인들은 이민을 자신의 생존에 영향을 주는 매우 현실적인 위협으로 인식하고 있는 듯하다. 하지만 처음부터 저임금 노동력을 제공하는 이민자 유입에 대해서 반감이 컸던 것은 아니었고, 경제성장이 지체되면서 갈등이 확산되었다. 글로벌 금융위기 이후 유럽 경제가 쉽게 회복되지 못하고 저소득 계층의 어려움이 지속되면서, 이민은 일자리 문제 등 경제적 어려움을 겪고 있는 저소득 계층의 불만을 크게 높이는 요인으로 작용했고, 이 틈을 극우 세력이 적극 이용한 것이다.

경제적 양극화가 민주주의 위협

이처럼 선진국에서 극우 세력이 발호하고 민주주의가 위협받고 있는 원인은 시장경제의 경쟁 원리가 거세지면서 악화된 경제적 양극화가 민주주의의 정치적 토대를 무너뜨리고 있기 때문이다.

근대 사회에 들어와 시장경제와 민주주의는 상호 긍정적인 영향을 주면서 인류가 발전하는 중요한 동인으로 작용했다. 개인의 자유와 권리를 강조하는 민주주의의 발전은 자유로운 개인이 봉건적 억압에서 벗어나 자유롭게 경제활동을 하는 여건을 마련함으로써, 시장경제를 기초로 한 경쟁과 혁신이 활발해지고 경제성장의 동인이 되었다. 시장 주도의 경제성장으로 상공인 계층의 정치적 자유와 평등에 대한 열망과 사회적 영향력이 확대되면서, 봉건적인 정치 질서는 민주적인 질서로 대체되었다.

그리고 민주주의의 발전은 곧 권위주의적인 국가 체계를 쇠퇴시키는 결과를 가져왔다. 홉스는 사회계약론에 기초하여 "만인에 대한 만인의 투쟁"으로 발생하는 혼란을 방지하기 위해 엄청난 권력을 갖는 괴물과 같은 국가가 탄생했다고 주장했다. 민주주의 발전은 과거의 봉건국가와 권위주의적 국가가 시민사회에 의해서 통제되고 시민사회가 합의한 방향으로 기능을 수행하는 "족쇄 찬 리바이어던"으로서의 국가로 전환함을 의미한다.[3]

그러나 아세모글루와 로빈슨(2019)은 이러한 국가에 대한 사회의 통제가 곧잘 위협받으며, 그에 따라 언제라도 민주주의 사회가 붕괴하고 권위주의적 국가가 부활할 수 있음을 경고했다. 경제적인 관점에서 볼 때, 민주주의에 대한 위협은 시장경제와 민주주의의 상충된 속성에서 비롯되기도 한다. 시장경제는 참여자 간의 경쟁을 전제하므로, 아무리 공정한 게임의 규칙을 만들어도 승자와 패자가

---

[3] 아세모글루와 로빈슨(2019)은 사회에 의해 통제받는 민주주의적 국가라는 의미에서 '족쇄 찬 리바이어던'이라는 개념을 제시했다. 자세한 내용은 대런 아세모글루 & 제임스 A. 로빈슨 (장경덕 옮김), 《좁은 회랑》(시공사, 2019) 참조.

발생하여 경제적 불평등을 유발하는 시스템이다. 그러므로 부와 경제력이 집중된 상위층은 자신의 경제력을 이용해서 사회 전체에 대한 영향력을 확대하고자 한다. 반대로 경제적 지위가 하락한 시민 일부의 사회 시스템에 대한 불만도 늘어난다.

반면 민주주의는 모든 사람이 동일한 권리와 자유를 갖고 있다는 평등의 원칙에 따라, 동등한 개인이 공동으로 결정한 법과 규칙을 따르는 모든 활동, 제도, 관계로 확장된 자율 통치를 하는 제도이다.[4] 그러므로 경제적 불평등으로 인한 사회 양극화가 확대될수록 민주주의의 원칙이 훼손될 개연성이 증가한다. 사회의 분열이 민주주의의 토대인 타협과 공생을 어렵게 만들기 때문이다.

역사적으로 볼 때, 시장경제와 자본주의의 가장 큰 위기는 1929년 대공황 때 나타났다. 경제적 위기 과정에서 삶의 커다란 곤란을 겪은 하위 계층이 기득권층이 지배하는 권위주의적 정부에 동조함으로써, 공산주의와 파시즘이 등장하여 민주주의가 크게 파괴되었다. 이 과정에서 국가의 역할에 대한 인식이 크게 변화했다. 근대국가가 성립하면서 지켜온 자유방임주의가 경제 자체에도 그리고 민주주의에도 그리 도움이 되지 않았기 때문이다. 경제적 불평등 확산이 경제와 민주주의를 훼손하는 상황을 경험한 후, 국가가 시장경제로 인해 발생하는 부작용을 완화하고 사회적 균형을 유지하기

---

[4] 피에르 다르도, 크리스티앙 라발, 피에르 소베르트, 오 게강(정기헌 옮김), 《내전, 대중 혐오, 법치, 신자유주의는 어떻게 지배하는가》(원더박스, 2021) 참조.

위해 개입해야 한다는 사고가 확산되었다. 이러한 족쇄 찬 국가의 경제적 역할 확대가 선진국에서의 경제적 번영과 민주주의 영역 확대에 크게 기여했음은 물론이다.

이 점에서 보면 최근 선진국의 민주주의 훼손은 지난 40년간의 신자유주의 물결에 의한 경제적 불평등의 확산이 국가에 의해 방치된 결과라고 할 수 있다. 거스틀(2022)[5]은 트럼프의 대두가 신자유주의 질서에 너무도 많은 사람이 낙오되었기 때문이라고 진단했고, 제르바우도(2022)는 신자유주의 세계화가 낳은 다중적 불평등이 사회적 불만의 핵심 동인임을 지적했다. 경제적 불평등의 심화로 권위주의 체제가 다시 부상하였고, 많은 선진국에서 이에 맞서 민주주의를 지켜내야 하는 어려운 과제가 다시 등장하게 된 것이다.

왜 윤석열의 계엄은 실패했는가?

언뜻 보면 유사한 듯하나, 한국은 미국과 다르다.[6] 한국은 미국보다 민주주의를 지킬 수 있는 경제적 토대가 훨씬 잘 갖추어져 있다. 미국은 전 세계에서 경제적 불평등이 가장 심한 나라이다. 미국의 경우 상위 10%가 2023년 현재 소득의 47%를, 재산의 71%를 차지하고 있다.[7] 한국도 외환위기 이후 시장경제가 본격적으로 도입되면서 경제적 불평등이 심화했다. 하지만 미국과 달리 한국의

---

5   게리 거스틀(홍기빈 옮김), 《뉴딜과 신자유주의》(아르테, 2024).
6   이하 한국의 경제적 현황에 대한 내용 다수는 1부 다른 저자의 글을 참고했다.
7   World Inequality Data 참조.

불평등 수준은 2010년대 이후 다소 완화되어 다른 선진국과 유사한 수준에서 더 이상 악화하지는 않고 있다.[8] 요컨대 한국은 중산층이 계층 사다리에서 탈락하여 하위 계층으로 전락하는 추세가 심각한 수준은 아니었다. 물론 서민의 경제적 상황이 그리 나아졌다고 할 수는 없을 것이나, 적어도 정치적으로 중도층을 대변하는 중산층을 중심으로 한 시민사회의 건강성이 파괴되지 않았다. 민주주의의 근간이 굳건했다.

나는 이것이 비상계엄으로 인한 민주주의 위기를 막는 경제·사회적 토대였다고 확신한다. 돌이켜보면 아찔한 순간도 많았다. 12월 3일 밤 비상계엄 당시의 국회에 대한 무장 병력의 투입도 그렇지만, 그 이후에도 국회의 1차 탄핵안 부결, 윤석열 구속을 둘러싼 갈등과 석방, 마냥 늘어지기만 했던 헌법재판소의 파면 결정 등 123일 동안 민주주의가 무너질 수도 있는 여러 사건이 있었다. 그 과정에서 위정자와 헌법기관의 담당자들이 잘못된 방향으로 행동하지 못하도록 막았던 것은, 그때마다 민주주의를 수호해야 한다는 단호한 의지를 표명했던 국민 대다수 여론의 향배 때문이었다.

트럼프 정권을 닮고 싶은 극우 세력은 미국과 유사한 캠페인을 전개했다. 청년 남성을 앞세워 윤석열을 옹호하려 했지만, 청년 다수는 민주주의 편이었다.[9] 때로는 중국의 영향을 들먹였지만, 한국

---

[8] 한국의 상위 10% 점유율은 2023년 현재 소득의 36%, 재산의 59%이다.
[9] 이 책 1부의 강신욱과 김혜원의 글은 남성 청년층의 보수화 주장이 과장된 수사임을 보여준다.

은 미국과 달리 이민으로 인한 문제가 심각한 나라는 아니었으니 국민의 동조를 얻기도 어려웠다. 미국에서는 백인 노동자 계층이 트럼프의 주요 지지층이었으나, 한국에서는 노동자층이 민주주의를 수호하는 중요한 세력이었다.

그러므로 최근 한국의 현상을 미국과 유사하게 해석하는 관점은 맞지 않다. 미국의 양극화는 경제적 불평등으로 인한 현상이지만, 적어도 한국에서는 경제적 불평등이 심화하여 사회적 양극화가 심각해졌다고 해석하는 것은 무리이기 때문이다. 그렇다면 한국의 사회적 양극화에 대한 우려가 현실보다 너무 과도하다고 생각해볼 수도 있다. 원인을 알아야 치료법을 알 수 있을 것이다. 이제 윤석열의 탄핵을 반대하는 계층이 생각보다 많은 30%를 상회했던 이유를 찬찬히 살펴볼 때가 되었다.

기득권층이 탄핵을 반대한 이유

여론조사에 의하면 윤석열의 탄핵을 반대했던 계층 대부분은 스스로 보수라고 생각하는 사람들이었다. 한국갤럽에 의하면, 보수층은 윤석열 탄핵에 대해서 25%가 찬성한 반면, 72%가 반대했다.[10] 이것은 중도층과 진보층이 각각 60%와 96% 비율로 탄핵을 찬성하는 것과 크게 대조된다. 다수의 보수층이 민주주의를 훼손한 윤석열의 탄핵을 반대한 이유는 무엇인가?

---

10   한국갤럽 데일리 오피니언(제 611호 2025년 2월 2주).

1997년 외환위기 발생 직후로 돌아가 본다. 외환위기를 계기로 한국은 시장경제 및 경쟁 원리가 지배적인 사회로 전환했다. 시장경제의 확립은 경제의 효율성을 높이는 데 기여했지만, 다른 한편에서는 승자와 패자를 구별하는 경쟁 원리가 전면화하면서 경제적 불평등이 크게 확산하는 계기도 되었다. 그 결과 2000년대 중반 이후 시장경제로 인한 불평등 확산을 완화해야 한다는 목소리가 사회 전반에 걸쳐 높아졌고, 보수 정부든 진보 정부든 상관없이 정부는 소득 재분배 정책을 확대하여 시장경제를 보완하고자 했다. 그리고 이러한 정책은 미국과 달리 한국의 불평등 악화를 방지하는 기능을 수행했다. 이는 최근 10년 동안 시장소득을 기준으로 한 불평등은 개선되지 않았으나, 정부의 지원 효과를 반영한 가처분소득 기준의 불평등은 완화되었다는 사실에서 확인된다.

하지만 이러한 흐름에 대해서 국민 일부는 불만을 가질 수밖에 없다. 정부의 재분배정책은 조세 및 재정 등을 통해 인위적으로 소득이나 부를 재분배하는 것이기 때문이다. 그런데 분배 몫을 둘러싼 사회적 이견이 이념적 갈등으로 표면화한 것은 경제구조가 크게 변화한 것이 계기였다. 2000년대 전반기만 해도 평균 5% 수준이던 경제성장률은 10년도 안 된 2015년부터는 3% 이하로 하락했고, 최근 몇 년 사이에는 2% 초반대로 더욱 떨어졌다. 경제성장률 하락은 어쩔 수 없는 일이다. 이미 선진국에 진입한 한국이 다른 선진국보다 월등히 높게 성장하기를 기대하기는 어렵다. 더욱이 한국은 경제성장률을 결정하는 가장 중요한 요인인 인구가 감소하고 있지 않은가?

　이러한 경제성장률 하락이 분배를 둘러싼 긴장감을 높이고 있다. 성장률이 5%일 때와 2%일 때의 갈등은 다른 차원의 문제이다. "곳간에서 인심 난다"는 속담이 있다. 소득이 5% 증가할 때 그중 1%를 재분배 몫으로 사회에 환원한다면 증가한 소득의 20%를 양보하는 셈이다. 하지만 소득이 2% 증가할 때 1%를 환원한다는 것은 늘어난 몫의 절반을 양보하는 것이다. 당연히 고소득층과 기득권층이 느끼는 재분배정책에 대한 불만은 커질 수밖에 없다. 이러한 불만이 늘어났음에도 불구하고 정부의 소득 재분배 기능은 축소되지 않았고, 특히 문재인 정부는 이를 더욱 적극적으로 추진했다.[11]

　따라서 고소득층과 기득권층은 문재인 정부에서 이러한 불만을 매우 거칠게 표현했다. 그 표현 방식은 바로 이념 전쟁이었다. 고소득층과 기득권층을 중심으로 한 보수층[12]은 경제적 불평등 완화 자체를 표면적으로 반대할 수 없으므로, 이를 좌·우라는 이념적 잣대로 모든 경제적 방향과 정책을 이분화했다. 좌파 정부가 시장경제를 완전히 무시한다든가 아니면 사회주의적 포퓰리즘으로 나라가 망할 것이라든가 하는 이념적 논리의 비판을 통해, 어느 정부에서도 해야 할 국가의 기능이라고 할 수 있는 불평등 개선의 노력을 특

11　OECD 자료를 이용해 다른 선진국과 비교해보면, 아직 한국 정부의 소득 재분배 기능은 미흡한 수준이다.
12　강신욱은 선거 결과 분석을 통해, 소득과 재산이 상위층일수록 보수층이 되는 경향을 발견했다.

정한 정파의 술책으로 폄훼하고, 이념적 갈등을 훨씬 증폭시켜 이러한 정책을 차단하고자 했다. 그리고 이러한 이념 전쟁은 성장률 하락 등으로 미래를 불안해하는 일부 국민에게 솔깃한 주장이 되기도 했다. 좌파 정부가 내가 낸 세금을 일부에게 쓸데없이 퍼주고 있다는 것이다. 나도 살기 어려운데, 어떻게 국가가 강제로 내 돈을 걷어 다른 사람에게 퍼주는 것을 용납할 수 있겠는가?

진보 정부도 이러한 경향이 확산된 데에 일말의 책임이 있다. 과거 군사독재 시대에 경제 시스템의 공정성에 의문을 제기했던 근본적인 이유는 정부가 권력을 이용해 경제를 좌우했고, 따라서 그 결과로 나타난 소득분배 결과를 인정할 수 없었기 때문이다. 하지만 1997년 외환위기를 계기로 시장경제가 경제 시스템의 기본으로 정착되었다. 경쟁 원리 작동으로 악화할 가능성이 높은 경제적 불평등은 시장경제 체제에서는 받아들여야 할 비용이다. 따라서 정부는 시장경제의 문제점을 보완하는 역할을 충실히 하면 되는 것이지, 시장경제의 폐해를 도덕적으로 비난할 이유도 없고 시장경제에 과도하게 개입해서도 안 된다. 하지만 진보 정부는 과거의 잣대로 경제적 불평등을 해결하려는 모습을 종종 보여주었다. 또한, 도덕적 잣대로 세금을 부과하고, 국민의 경제적 활동에 미칠 부작용을 면밀하게 고려하지 못한 채 시장에 개입한 경우도 많았다. 중산층의 반발까지 불러일으킨 부동산정책이 대표적인 실패 사례이다. 당연히 그 결과는 진보 정부에 대한 불신이었고 정치적 패배였다.

윤석열 정부는 이러한 흐름에 대한 반동으로 등장했다. 윤석열 정부는 과거 보수 정부인 이명박 정부와 박근혜 정부와도 궤를 달리했다. 윤석열 정부는 수사적으로도 경제적 평등을 그리 강조하지 않았고, 어디에 근거한 것인지 알 수도 없는 자유주의 이념을 앞세워 노골적으로 부자와 기득권층에 유리한 정책에만 집중했다. 압박 일변도의 노동정책, 부유층을 위한 조세 개편, 부동산 가격을 다시 높인 규제 완화 일변도의 부동산정책 등, 편향되지 않은 정책을 찾아보기 어려웠다.

그러므로 기득권층이 윤석열의 탄핵을 반대하는 것은 너무 당연하다. 윤석열이 탄핵되고 정권이 바뀐다는 것은 다시 자신들이 원하지 않는 방향으로 정부가 움직일 것임을 의미하기 때문이다. 이것이 외형적으로 중립임을 강변했던 일부 관료와 심지어 사법부의 일원까지 법과 규정을 왜곡하여 지키지 않고, 노골적으로 민주주의 복원을 훼방하는 행태를 보인 이유이기도 하다.

요컨대 나는 최근 민주주의에 대한 태도에서 나타나는 이상 현상은 경제적 불평등으로 인한 것이 아니라, 경제적 불평등을 완화하려는 사회적 흐름에 대한 불만이 반영된 것에 기인한 바 크다고 생각한다. 다만, 그것이 경제적 실체보다 훨씬 과격하게 나타난 것은 경제성장 둔화와 경제사회 구조 변화로 인해 미래에 대한 불안감이 확산하고, 일부 계층의 경제적 불평등 완화 정책에 대한 불만이 훨씬 커졌기 때문이다. 불만이 커진 기득권층은 국민 저변에 깔린 불안감을 악용하여 자신들의 지위와 권위를 유지하고자 시도했다. 하지만 민주주의를 파괴해도 좋다고 생각하는 계층은 소수였다. 민주주의를 수호하는 중산층 또는 중도층이 확고히 있어 한국은 민주주의를 지킬 수 있었다.

새 정부가 할 일

새 정부가 출범했음에도 불구하고 탄핵 과정에서 보였던 정치적·사회적 분열은 쉽게 치유될 것으로 보이지 않는다. 경제성장에 대한 미래의 비전이 보이지 않는 한, 줄어드는 분배 몫을 둘러싼 갈등은 쉽게 타협되지 않을 것이기 때문이다. 특히, 새로운 정부에서 자신의 몫이 줄어들 것을 우려하는 기득권층이 쉽게 타협할 것이라고 기대하기는 어렵다. 또한, 노령층의 높은 빈곤화율, 자산 불평등의 확대, 세대 간 불평등의 확산 등 경제적 불평등 악화 요인은 여전히 존재하고 성장 침체로 인해 자신의 삶을 개선하기 어렵다고 낙담하는 국민도 많을 것이므로, 민주주의 토대가 무너지지는 않을 것이라는 낙관적 전망을 무조건 할 수도 없다.

하지만 이러한 위협 요인에도 불구하고 우리가 여전히 희망을 갖고 있는 이유는 한국의 민주주의를 위한 경제적 토대가 무너지지는 않았다는 점을 확인했다는 사실에 있다. 경제적 불평등이 악화하지 않고 시민사회 전체의 건강성이 유지된다면, 한국 사회가 기득권층과 극우 보수층의 위협을 제도적 틀 내에서 통제하여 민주주의를 수호할 수 있음은 분명하다.

민주주의를 지키는 효과는 비단 정치적 영역의 성과에 국한되지 않는다. 그것은 변곡점에 놓여 자칫하면 위기에 처할 수 있는 한국 경제를 되살리는 길이기도 하다. 한국은 인구감소 등으로 경제구조 자체를 전환해야 할 시점에 있다. 한국 경제가 구조를 개혁하고 전환하기 위해서는 기득권에 의한 경쟁 제한이나 지대 추구적 행위가 일어나지 못하도록 공정한 경쟁의 장이 마련되어야 한다. 이는 민주주의라는 정치적 제도 아래에서만 가능하다. 아세모글루와 로빈슨(2012)이 강조했다시피, 민주주의라는 포용적 정치제도는 공정한 경쟁과 혁신을 가능하게 하는 포용적 경제제도를 뿌리내리는 원천이기 때문이다.

따라서 민주 정부의 경제정책은 민주주의의 경제적 토대를 굳건히 유지한다는 전제로 설계되어야 한다. 그것은 민주주의의 중심축인 중산층의 경제적 지위를 유지하고 지원하는 것이어야 하고, 그들이 불안감 없이 미래를 설계할 수 있는 여건을 마련하는 것이어야 한다. 더 나아가 미래를 주도할 젊은 세대가 위축되지 않고 사회에 진출하여 번영된 삶을 누릴 수 있도록 함으로써, 장기적으로 민주주의가 확고히 유지될 수 있는 경제 환경도 조성해야 한다.

물론 최근 이념적 갈등이 확산한 계기가 성장 부진이었으므로, 정부가 미래를 위한 성장의 방향을 제시하는 것 역시 중요하다. 그렇다고 해서 그 방향이 가능하지 않은 높은 경제성장률을 목표로 제시하는 것이어서는 안 된다. 진보 정부의 잘못 중 하나는 진보 정부가 '경제성장에 무능'하다는 근거 없는 낙인을 피하기 위해 잘못된 성장 전략을 제시하는 덫에 걸린 데 있다. 더구나 경제성장 정책이 경제적 불평등을 크게 악화시킨다면, 그것은 민주주의의 토대를 훼손하여 권위주의 세력에 정권을 넘겨준 몇몇 선진국의 사례를 답습하는 자승자박의 결과를 가져올 수 있음을 명심해야 한다. 그러므로 민주주의를 위한 경제성장의 방향은 양적 성장이 아니라, 생산성을 높이고 국민 1인당의 소득과 행복을 제고하는 새로운 길을 제시하는 것이어야 한다.

새 정부는 지금 시험대에 있다. 아직도 자신이 트럼프처럼 '재기'할 수 있다는 환상에 빠져 있을 듯한 윤석열에게, 혹은 또 다른 윤석열을 옹립하여 자신들의 기득권을 유지하려는 기득권층에게 조금의 여지도 주어서는 안 된다. 민주주의 파괴는 국민 상당수의 경제적 삶이 피폐해질 때 발생했음을 역사는 보여주고 있다. 그만큼 국민의 경제적 삶은 중요하다. 국민의 경제적 삶을 돌보고 불평등한 시장경제의 결과를 보완하는 경제정책이 탄핵을 극복한 국민을 위해, 그리고 민주주의를 지켜내기 위해 이번 정부가 해야 할 일이다.

2장   진보는 왜 보수화되고, 보수는 왜 극단화될까?

강신욱 (한국보건사회연구원)

정치적 선호는 정책 선호의 거울

어떤 사람이 어떤 정당을 선호할까? 다소 막연한 질문처럼 느껴진다. 질문을 좀 더 구체적으로 바꾸어 보자. "진보 정당을 선호하는 사람들은 어떤 특징을 갖고 있을까?" 이 질문에서 '진보 정당'의 자리에 '보수 정당'을 놓을 수도 있고 특정한 정당명을 갖다놓을 수도 있다. '선호하는'이란 표현을 '지지하는'이란 표현으로 바꾸어도 무방하다. 이 글에서 관심은 그 사람의 '특징', 그 가운데에서도 경제적 특징에 있다. 경제적 특징의 대표적인 것은 그 사람의 소득이 얼마나 높은지, 재산은 얼마나 많은지 하는 것이다. 잘사는 (또는 돈을 잘 버는) 사람일수록 보수 정당을 지지할까? 반대로 소득이 낮을수록 진보 정당을 지지할까? 과연 그러한지, 그렇지 않다면 그 이유는 무엇인지 등은 선거를 연구하는 정치학자들의 오랜 관심사이다.

정치학자들의 고민과는 별개로 우리는 이렇게 질문해볼 수 있다. 실제로 한국의 경우는 어떠한가? 한국에서 저소득층은 진보(보수) 정당을 지지할까? 아쉽게도 이 점은 충분히 증명되지 못했다. 소득 수준이 높은 서울의 일부 지역에서 보수 정당 후보의 당선 비율이 매우 높다는 사실로부터 잘사는 사람들이 보수 정당을 선호한다는 것은 쉽게 추론할 수 있다. 그런데 소득 수준이 낮은 지역에서 항상 진보 정당 후보가 당선되는 것도 아니며, 반대로 항상 보수 정당 후보가 당선되는 것도 아니다. 서울의 구 가운데 소득 수준이 비교적 낮다고 알려진 일부 지역에서는 진보 정당 후보가 당선되는 경우가 많았지만, 그보다 소득이 더 낮은 경북 어느 지역에서는 늘 보수 정당 후보가 당선된다. 그런데 비슷한 소득의 전남 어느 지역에서는 대체로 진보 정당 후보가 당선된다. 지역색을 감안하여 영호남을 제외하고 다른 지역을 살펴본다면 어떨까? 이렇게 되면 설명이 복잡해지고 답이 분명하지 않다.

다시 처음으로 돌아가 보자. 이 문제는 왜 중요할까? 단순히 신문의 정치면을 읽거나 정치 시사 유튜브를 볼 때와 같은 관심 때문일 수도 있다. 그런데 이는 매우 현실적인 문제일 수도 있다. 국민의 삶에 영향을 미치는 정부의 정책은 국민의 요구를 반영해야 하며 국민의 정치적 지지를 얻어야 성공할 수 있다. 그리고 국민의 요구가 표출되고 정당이 정치적 지지를 확인하는 장이 바로 선거이다. 투표자들의 정치적 선호를 결정하는 요인을 확인하는 일은 정당에 대한 선호의 분포를 파악하는 데 그치는 것이 아니라 국민들이 선호하는 정책의 방향을 가늠하는 데에도 매우 중요하다.

정당 선호를 보여주는 자료

개인의 특성에 따라 어떤 정당을 선호하는지 쉽게 파악할 수 있는 자료가 있다면 좋을 것이다. 그런데 그런 자료는 매우 드물다. 거의 존재하지 않는다고 해도 과언이 아니다. 개인을 대상으로 지난 선거에서 어느 정당에 투표하였는지를 묻는 설문조사가 가끔 있지만, 응답자 규모가 크지 않은 데다 그런 조사를 통해 응답자의 정확한 소득이나 자산 수준을 알기란 쉽지 않다. 같은 조사가 선거 때마다 반복해서 이루어지지도 않는다. 그래서 이 글에서는 개인보다는 지역에 초점을 맞추고자 한다. 즉 어떤 특성을 지닌 개인이 진보정당을 선호하는가 하는 질문 대신 어떤 특성을 지닌 지역에서 진보정당의 득표율이 높은가 하는 질문으로 바꾸어 살펴보기로 한다.

지역 단위로 이러한 성향을 파악하는 것은 어떻게 가능할까? 우선 각 개인이 선거에서 누구에게 투표했는지를 확인하는 것은 어렵지만, 어느 지역에서 어느 정당의 득표율이 높았는지는 어렵지 않게 확인할 수 있다. 중앙선거관리위원회는 대통령선거부터 지방선거까지 크고 작은 선거 때마다 지역별 득표율을 읍면동 단위까지 공개한다. 이 글에서는 지역을 시군구 단위로 볼 것이다. 도와 광역시 단위로 크게 볼 경우 그 내부의 지역 간 격차를 충분히 고려하지 못할 수 있다. 반대로 읍면동 단위로 지역을 보게 되면, 투표 성향에 영향을 미치는 사회경제적 특성을 이런 작은 단위로 조사한 자료가 충분하지 않다.

선거 결과에 관해서는 중앙선거관리위원회 홈페이지에서 관련 데이터를 쉽게 내려받을 수 있다. 이 글에서는 비례대표 국회의원 선거 개표 결과 자료를 이용할 것이다. 대통령선거나 지역구 국회의원 선거에서는 후보자 개인에 대한 선호도에 따라 득표 결과가 달라질 가능성이 크다. 하지만 비례대표 국회의원 선거는 정당에 대한 선호를 반영한다고 볼 수 있다. 이 글에서는 19대(2012년)부터 22대(2024년)까지 4번의 비례대표 국회의원 선거에서 확인된 각 정당의 득표율을 정당에 대한 선호도로 해석할 것이다.

지역의 특성으로는 크게 두 가지를 살펴볼 것이다. 하나는 인구 특성이고 다른 하나는 경제적 특성이다. 인구 특성 가운데 전체 인구 중 노인(65세 이상) 인구 비중과 청년(20~39세) 인구 비중이 아마 지역의 투표 성향에 큰 영향을 미칠 것이다.

투표에 영향을 미칠 수 있는 경제적 특성으로는 자산 수준과 소득 수준을 생각해볼 수 있다. 지역의 자산 수준을 정확히 파악하려면 각 지역민이 보유한 모든 자산(부동산, 금융자산 등)을 파악한 후 평균값을 구하는 것이 정확할 것이다. 아쉽게도 그런 데이터는 구할 수 없다. 그래서 여기서는 지역별 자산 수준을 잘 보여줄 수 있는 대리 변수로, 시군구별 단위 면적(1제곱미터)당 아파트 가격을 이용할 것이다. 즉 단위 면적당 아파트 가격이 높을수록 그 지역 주민의 자산 보유액도 많을 것으로 간주하고자 한다. 지역의 소득 수준은 해당 지역의 소득분위값을 이용하였다. 소득분위값이란 지역의 가구 평균소득을 이용하여 전국 시군구를 5개 분위로 구분하였을 때 각 지역이 몇 분위에 속하는지를 의미한다. 예를 들어 서울의 어느 구가 5분위에 속한다고 하면 그 구의 평균소득이 전국 시군구 중 상위 20%에 속한다는 뜻이다. 그런데 이 지역별 소득분위 정보도 2020년도 자료만 이용할 수 있어[1] 21대(2020년) 총선 분석에서만 이용하였다.

득표율의 지역적 쏠림

각 총선에서 진보 정당이 얻은 득표율과 보수 정당이 얻은 득표율을 계산하려면 우선 어떤 정당이 진보 정당이고 어떤 정당이 보수 정당인지를 구분하여야 한다. 이 구분은 관점에 따라 달라질 수 있다. 이 글에서는 2024년 총선을 기준으로 더불어민주당 계열의 정당을 진보 정당으로, 국민의힘 계열의 정당을 보수 정당으로 구분하였다. 전국 득표율이 1%가 넘는 정당에 대해서만 진보·보수를 구분하였고 득표율 1% 미만의 정당은 모두 기타 정당으로 구분하였다.

19대와 20대 총선에서는 지역구 후보를 배출한 정당과 비례대표 후보를 배출한 정당의 이름이 같았지만 이른바 '위성 정당' 논란이

---

[1] 강신욱 외, 〈국민건강보험공단 행정자료의 사회정책적 활용을 위한 심층 연구〉, 한국보건사회연구원, 2023.

있었던 21대와 22대 총선에서는 비례대표만을 후보로 배출한 정당이 있었다. 각 총선별로 진보와 보수로 구분된 정당들과 그 득표율은 표 2-1과 같다.

표 2-1과 같은 구분이 저자의 주관적 판단이 작용한 자의적 구분이라고 비판받을 수 있다. 특히 20대 총선에서 국민의당을 진보 정당으로 분류한 것에 대해 비판이 있을 수 있다. 같은 당이 21대 총선에서 보수 정당으로 구분된 것을 보면 자의적 구분의 위험성은 더욱 커질 수 있다. 이 문제에 대해 엄밀한 기준을 제시하기는 어렵다. 이 글에서는 당시 정당 득표율의 지역적 분포(20대 총선에서 국민

총선 (연도)	19대 (2012년)		20대 (2016년)		21대 (2020년)		22대 (2024년)	
투표율	54.2		58.0		66.2		67.0	
진보 정당	민주통합당	35.7	더불어민주당	24.8	더불어시민당	32.0	더불어민주연합	25.5
	통합진보당	10.1	국민의당	26.0	민생당	2.6	녹색정의당	2.1
	진보신당	1.1	정의당	7.0	정의당	9.3	새로운미래	1.6
					열린민주당	5.2	조국혁신당	23.2
					민중당	1.0		
	소계	46.9	소계	57.9	소계	50.0	소계	52.4
보수 정당	새누리당	41.9	새누리당	32.6	미래한국당	32.4	국민의미래	35.1
	자유선진당	3.2	기독자유당	2.6	국민의당	6.5	개혁신당	3.5
	기독당	1.2			기독자유통일당	1.8	자유통일당	2.2
	소계	46.2	소계	35.1	소계	40.7	소계	40.7
기타	6.9		7.0		9.3		6.9	

표 2-1 비례대표 국회의원 선거에서 진보·보수 정당의 득표율.
자료: 중앙선거관리위원회의 개표 결과 자료를 이용하여 저자가 작성.

의당의 호남 지역 득표율)와 당 소속 국회의원의 인적 구성 변화 등을 고려하여 이와 같이 구분하였다.

19대 총선에서는 진보 정당의 득표율이 보수 정당 득표율보다 근소한 차이로 높았으나 이후의 총선에서는 그 차이가 벌어졌다. 22대 총선에서는 진보 정당이 보수 정당에 비해 11.7%포인트 높은 득표율을 보였다. 229개 시군구 가운데 진보 정당 득표율이 보수 정당보다 높았던 지역(진보 우세 지역)은 19대에는 89개였으나 20대에는 149개로 늘어나 진보 우세 지역과 보수 우세 지역의 수가 역전되었다. 21대에는 진보 정당 우세 지역이 124개로 20대보다 조금 줄었지만 22대에는 다시 130개로 늘어났다. 20대 총선에서 진보 정당의 득표율이나 진보 정당 우세 지역이 특히 높았던 이유는 당시 국민의당이 호남 지역에서 높은 득표율을 보이면서 전체적으로 진보 정당 득표율을 높이는 효과를 보였기 때문이다.

그런데 진보 정당이나 보수 정당의 득표율이 높은 곳은 특정 지역에 몰려 있다. 19대 총선의 경우 진보 정당 득표율이 높은 상위 20개 지역은 모두 호남 지역이었다. 이러한 사정은 22대 총선에서도 변하지 않았다. 마찬가지로 보수 정당의 득표율이 가장 높은 20개 지역은 예외 없이 모두 영남, 특히 경북과 대구 지역이었다. 정당 선택에 여전히 지역 특성이 강하게 남아 있음을 알 수 있다. 따라서 지역의 진보 정당 득표율에 영향을 미치는 요인을 살펴볼 때에는 이런 지역적 쏠림이라는 요인을 적절히 감안해야 한다. 즉 소득이나 자산 수준이 유사하더라도 호남 지역에서는 진보 정당, 영남 지역에서는 보수 정당 득표율이 높아지는 점을 고려해야 한다. 지역별 득표율 쏠림 현상을 고려하여 분석하는 방법에는 여러 가지가 있겠지만, 여기서는 분석 대상 지역을 수도권으로 한정하는 방법을 택하기로 한다. 수도권은 서울, 인천, 경기도 지역으로 여기에 속하는 시군구는 모두 66개이다. 전국 시군구 수 229개의 1/3에 미치지 못하지만, 이 지역 인구는 전체 인구의 절반에 해당한다. 그만큼 전국의 정당 선호 경향을 파악하는 데 부족함이 없다고 볼 수 있다. 또한 수도권 지역은 대부분의 시군구에 대해 아파트 가격 정보를 얻을 수 있다는 장점이 있다.

자산과 진보 정당 지지도는 '역U자형' 관계

먼저 지역별 자산과 진보 정당 득표율의 관계를 살펴보자. 자산 보유 수준이 높은 지역에서 진보 정당 득표율은 높을 것인가? 그런데 지역별로 자산 보유액을 보여주는 자료를 이용할 수 없어서, 앞서 설명한 것처럼 지역의 단위 면적당 아파트 가격을 그 지역의 자산 수준을 보여주는 것으로 간주했다. 같은 면적이더라도 아파트에 따라 가격이 다르므로 지역별 중위가격, 즉 중간 위치에 있는 가격을 사용하였다. 중위가격은 평균 가격에 비해 지역의 아파트 가격을 좀 더 안정적으로 보여준다는 장점이 있다.

그림 2-1의 가로축은 아파트 가격을 1제곱미터당 만원 단위로 보여준다. 세로축은 진보 정당 득표율을 퍼센트(%)로 표시한 것이다. 이 그림에서 각 점들은 특정 시점에서의 하나의 지역을 의미한

다. 네 번의 총선 비례대표 투표에서 수도권 각 지역에서 나타난 진보 정당 득표율과 그 지역 아파트 가격 간의 관계를 점으로 표시한 것이다. 점들이 흩어진 모양을 알아보기 쉽도록 보조선을 그을 수 있는데, 그림의 곡선이 그것이다. 이 곡선은 산봉우리 모양, 달리 말해 알파벳 U자를 뒤집어 놓은 것과 같이 볼록한 모양을 보인다. 이 모양이 의미하는 것은, 아파트 가격이 높아질수록 진보 정당 득표율이 높아지다가 아파트 가격이 어느 수준을 넘어서면 오히려 득표율이 낮아진다는 점이다. 달리 말해 아파트 가격이 아주 낮은 지역과 아주 높은 지역에서는 진보 정당 득표율이 낮고 중간 수준의 지역에서 진보 정당 득표율이 가장 높다는 뜻이다.

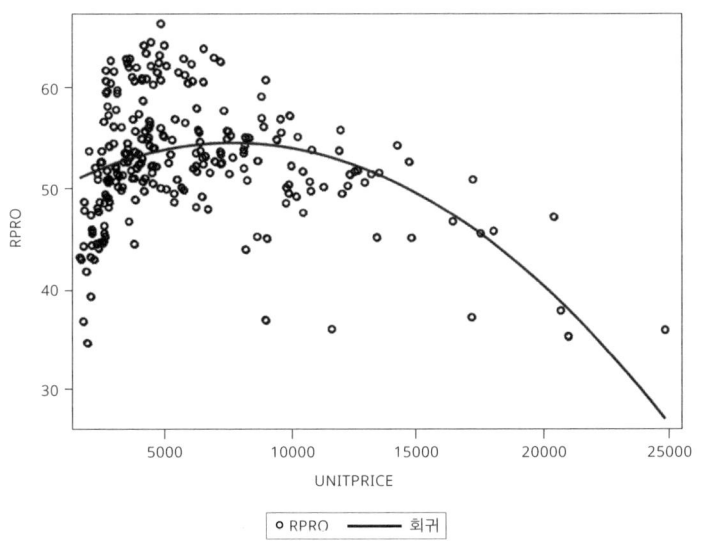

그림 2-1 아파트 가격과 진보 정당 득표율의 관계.
가로축은 1제곱미터당 아파트 가격(만원), 세로축은 진보 정당의 득표율(%)임.

이번에는 지역의 소득과 진보 정당 득표율 사이의 관계를 보자. 지역의 소득에 관한 정보는 2020년 자료만 이용할 수 있고, 그것도 지역별 평균소득이 아니라 전국을 소득 수준에 따라 5개 그룹으로 나누었을 때 그 지역이 어느 그룹에 속하는지 정도만 알 수 있다. 가장 소득이 낮은 지역을 1분위, 가장 소득이 높은 지역을 5분위라고 하자. 수도권 지역에서 1분위에 해당하는 시군구는 1개이고, 2분위는 5개, 3분위는 12개, 4분위는 17개, 5분위는 31개로 나타난다. 수도권 지역 중 1분위 지역에서 진보 정당 득표율은 39.3%, 2분위 지역 평균 득표율은 39.8%이다. 3, 4, 5분위 지역의 진보 정당 득표율은 차례로 50.4, 53.2, 50.1%이다. 해당되는 시군구가 1개에 불과한 1분위 지역을 제외하고 보면 2~5분위의 진보 정당 득표율은 분위가 높아질수록 증가하다가 4분위에서 가장 높고 5분위에서는 낮아진다. 이것은 앞서 살펴본 아파트 가격과 진보 정당 득표율의 관계와 비슷한 모습이다. 소득분위와 진보 정당 득표율 역시 대략적으로 역U자 모양의 관계를 보이는 것이다. 진보 정당 득표율은 소득이 아주 낮거나 아주 높은 지역에서는 낮고 그 중간 지역에서는 높은 것으로 나타났다.

    지지하는 정당이나 후보를 묻는 각종 여론조사에서 60대 이상의 고령층은 진보 정당 후보에 대한 선호가 낮은 것으로 나타난다. 실제로 지역별 정당 득표율과 지역의 인구 구성 사이의 관계를 살펴봐도 이러한 사실은 확인된다. 네 차례 선거에서 진보 정당 득표율이 보수 정당 득표율보다 높았던 곳에서 65세 이상 노인 인구 비율은 평균 14.1%였지만, 반대로 보수 정당 우세 지역의 노인 인구 비율은 18.6%였다. 약 4.5%포인트의 차이다. 최근의 2024년 비례대표 선거만 보았을 때에는 진보 정당 우세 지역의 노인 인구 비율이 18.4%, 보수 정당 우세 지역의 노인 인구 비율은 26.5%로 차이가 더 두드러지게 나타난다.

그렇다면 청년층은 어떠했을까? 청년층 비율이 높으면 진보 정당 득표율이 높을까? 네 번의 총선에서 진보 우세 지역의 청년층(만 20~39세 인구) 비율은 평균 29.3%였고 보수 우세 지역의 청년층 비율은 평균 25.3%였다. 진보 우세 지역의 청년층 비율이 약 4%포인트 높았다. 2024년 선거에서는 진보 우세 지역에서 27.3%, 보수 우세 지역에서 22.1%로 두 지역의 청년층 비율 차이가 더 커졌다.

최근 들어 청년 가운데 남성, 이른바 20대 남성들이 보수화되었다는 평가가 있다. 실제로 그러한 경향이 있는지 확인하기 위해 진보 우세 지역과 보수 우세 지역의 '청년 중 남성 비율'을 비교해보았다. '청년 중 남성 비율'이란 전체 인구 중 청년 남성의 비율이 아니라 20~39세의 청년 중 남성이 차지하는 비율을 의미한다. 최근 네 차례의 총선에서 진보 우세 지역의 청년 남성 비율은 51.1%, 보수 우세 지역의 청년 남성 비율은 53.5%로 차이가 있다. 2024년 총선에서 진보 우세 지역 51.2%, 보수 우세 지역 53.8%로 차이는 좀 더 늘어났다.

지금까지는 지역의 자산 가격, 소득 수준, 노인 인구 비율, 청년 인구 비율, 청년 중 남성의 비율이 정당 선호와 어떤 관련이 있는지를 각각 살펴보았다. 그런데 이 모든 요인을 동시에 고려하면 각각의 요인이 진보 정당 득표율에 미치는 영향은 어떻게 나타날까? 여러 요인의 효과를 같이 보기 위해서는 회귀분석이라는 통계 분석을 해야 하는데, 여기서는 그 결과만 설명하고자 한다. 결론적으로 말하자면 이들 요인이 종합적으로 미치는 영향은 각각의 요인을 따로 고려할 때와 큰 차이가 없다. 지역의 소득 수준을 제외하고 보면 아파트 가격이 낮은 지역과 높은 지역에서는 진보 정당 득표율이 낮고 중간 수준의 지역에서는 진보 정당 득표율이 높았다. 노인 인구의 비중이 낮아질수록, 청년 인구의 비중이 높아질수록, 그리고 청년 중 남성의 비율이 낮을수록 진보 정당의 득표율은 높은 것으로 나타났다. 지역 소득까지 고려한 2020년 선거만을 보더라도 대체로 결과는 동일하다. 아파트 가격은 진보 정당 득표율과 역U자 관계를 그대로 유지하고 노인 인구 비율도 진보 정당 득표율과 반비례 관계를 그대로 유지한다.

소득 수준 측면에서는 중간 소득인 3분위 지역에 비해 고소득인 5분위 지역의 진보 정당 득표율이 낮은 것으로 나타났다. 청년 비율이 높으면 진보 정당 득표율이 높아지는 것도 마찬가지이다. 다만 청년층 중 남성의 비율은 통계적으로 의미 있는 차이를 만들지는 않은 것으로 나타났다. 즉 소득까지 같이 고려하면 청년층 내 남성의 비율이 높은지 낮은지는 진보 정당 득표율을 설명하는 데 역할을 하지 못하게 된다는 것이다.

진보의 보수화와 보수의 극단화

　이제까지의 논의를 요약하면 다음과 같이 정리할 수 있을 것이다. 진보 정당의 득표율은 아파트 가격이 낮은 지역과 높은 지역에서는 낮고 중간 지역에서는 높은데, 이는 소득 수준에 대해서도 마찬가지이다. 그리고 노인층 비율이 높은 지역에서는 진보 정당 득표율이 낮고 반대로 청년층 비율이 높은 지역에서는 높았다. 청년층 중 남성의 비율이 진보 정당 득표율을 설명하는 데 항상 영향을 미치는 것은 아니다. 이 장에서는 진보 정당 득표율을 기준으로 설명하였으나 설명 대상을 보수 정당의 득표율로 바꾸어 보면 위의 설명은 반대가 될 것이다.

　특정한 진보 정당(혹은 보수 정당)은 자신들의 득표율을 높이기 위해 이러한 내용을 참고할 수 있을 것이다. 이 장에서 제시한 데이터와 수치는 정당의 지지 성향에 관한 기존의 통념을 구체적으로 확인하게 해준다. 그렇다면 개별 정당의 입장에서가 아니라 사회 전체의 현상을 바라보는 관점에서 위와 같은 결과가 시사하는 바는 무엇일까?

　정당의 선택이 자산이나 소득 수준과 밀접하게 관련되어 있다는 것은 정치적 갈등이 경제적 격차와 무관하지 않다는 것을 보여준다. 자산이나 소득 수준 차이가 벌어지면 정치적 선호는 더욱 확연하게 갈릴 수 있다. 즉 경제적 양극화가 정치적 양극화로 연결된다는 의미이다. 이런 상황이라면 정당이 제시하는 공약이나 정책을 통해 사회적 갈등을 풀기는 더욱 어려워진다.

또 다른 측면도 생각해볼 수 있다. 전통적인 투표이론에 따르면 양당의 지지층이 양분화되어 있을 때 각 정당은 중간층을 끌어들이기 위해 노력하고 그 과정에서 두 당의 정책은 중간으로 수렴한다. 그런데 위에서 살펴본 것처럼 보수 정당의 지지 그룹이 양쪽 극단에 몰려 있을 때 이러한 이론은 설득력을 잃는다. 진보 정당은 소득과 자산이 낮은 계층보다 중간 계층을 바라보게 된다. 보수 정당은 자신의 정책이 중간으로 이동하면서 지지자 일부를 잃게 될 것을 두려워하게 된다. 이런 상황에서 정책에 대한 정당 간의 타협과 정책 수렴은 더욱 어려워진다. 진보가 중도를 향하면서 보수화되고 보수는 중도를 향하지 못하고 극단화되는 양상은 이러한 상황과 무관하지 않다.

정치적 갈등과 정책적 경쟁의 양상이 어떤 모습을 띨지를 결정하는 데에는 이 장에서 살펴본 것 외에도 많은 요인이 작용한다. 이 장에서는 네 차례의 총선, 그 가운데에서 비례대표 투표 결과를 이용하여 고찰하였다. 추후 더 많은 투표 결과와 더 다양한 경제적·사회적 특성을 고려한다면 이 장에서 확인한 내용이 더 엄밀하게 검토될 수 있을 것이다. 앞으로 이어질 연구의 결과가 계층 간 격차와 갈등을 줄이는 정치와 정책으로 이어지기를 기대한다.

3장 청년 보수화의 방향, 능력주의와 공정 추구

김혜원 (한국교원대학교 교육정책전문대학원)

   정치 성향 측면에서 청년은 진보적이고 나이가 들수록 보수적이라고 말한다. 최근 우리 사회에서는 이러한 통념과 상치되는 현상이 등장하였다. 젊은 연령층에서 보수 비중이 크게 높아졌다는 것이다. 지난 2022년에 있었던 20대 대통령선거 지상파 방송 3사 출구조사 결과에 따르면 40~50대에서는 진보 후보에 대한 지지가 보수 후보에 대한 지지보다 높았으나 20~30대에서는 양 후보에 대한 지지가 팽팽한 양상을 보였다. 21대 대통령선거 출구조사 결과에서는 20대에서 보수 후보에 대한 지지가 55%로 진보 후보를 크게 앞섰고, 30대에서도 보수 후보 지지가 50%로 진보 후보보다 근소하지만 앞섰다.
   이 글은 청년의 보수화 경향이 어떠하고 어떤 양상으로 나타나는지를 설문조사 자료를 분석하여 살펴보고자 한다. 첫째, 청년의 보수화 경향이 어떻게 나타나고 있는지 살펴본다. 둘째, 정치 성향에 영향을 주는 요인들이 어떻게 변화하고 있는지 살펴본다. 셋째, 각각의 요인들이 청년의 보수화를 설명할 수 있는지 검토한다.

20대 남성의 보수화는 현실이다

이 글에서는 한국종합사회조사 자료를 사용하는데 이는 2003년부터 1,000명 이상을 표본으로 2014년까지 매년 조사되었고 이후 격년으로 조사가 이루어지고 있다. 정치·사회 관련 다양한 이슈에 대한 질문을 담고 있는 한국종합사회조사에서 정치 성향에 대한 문항은 "귀하는 자신이 정치적으로 어느 정도 진보적 또는 보수적이라고 생각하십니까?"이며, 응답자는 1점부터 5점 중에서 하나를 선택한다. 매우 진보적에 1점, 다소 보수적에 2점, 중도는 3점, 다소 보수적은 4점, 매우 보수적은 5점을 부여하며 보수 지지 변수는 '다소 보수적'과 '매우 보수적'에 응답한 이들로 정의하였다.

가장 최근에 이루어진 2023년 조사 결과에 따르면 연령이 증가할수록 보수 성향이 증가하고 있다. 20~30대의 보수 비중은 16%인 데 비해, 40대와 50대는 30%이고 60대 이상에서는 50%이다. 그런데 20대와 30대를 세분하여 살펴보면 20대의 보수화 경향이 분명하게 나타나는데 30대의 보수 비중은 13%인 데 비해 20대의 보수 비중은 21%로 20대가 확연하게 보수 비중이 높다. 남녀 간 차이도 확인할 수 있는데 20대 남성의 보수 비중은 30%인 데 비해 20

대 여성의 보수 비중은 9%에 불과하여 남녀 간 차이가 극명하게 드러난다. 30대의 경우 남성의 보수 비중은 14%, 여성의 보수 비중은 13%로 성별 차이는 거의 없다.

20대가 30대보다 보수 비중이 높은 경우는 2023년 조사를 제외한 15회의 한국종합사회조사 중에서 4회인데 가장 큰 차이는 2011년의 5%포인트 차이이고 그 외는 2%포인트 내외의 차이에 불과하다. 2023년처럼 8%포인트 차이는 처음 나타난 일이다. 20대에서 남성과 여성의 보수 비중 차이가 21%포인트나 벌어진 것도 한국종합사회조사 사상 처음 있는 일이다.

정치 성향에 영향을 미치는 요인은 다양하다. 정부의 시장 개입에 대한 지지 여부, 소득 재분배에 대한 선호 차이, 소득 차이의 공정성에 대한 인식 차이, 사회경제적 지위 또는 소득 수준의 차이, 대북한 정책에 대한 견해 차이, 권위주의에 대한 선호 차이, 외국인 정책에 대한 견해 차이, 소수자 인권 보호의 강도에 대한 지지 차이 등이 그것이다.

보수는 경제 운영에 있어서 정부의 개입을 반대하는 반면 진보는 정부의 개입을 제한적으로 옹호한다. 보수는 시장 원리에 의한 자원 배분을 효율적이면서 정의로운 것으로 보는 편이다. 자유로운 경쟁이 보장되는 경우 시장에서 결정된 소득은 시장 참여자의 노력과 능력의 산물이고 따라서 정당하다. 시장 소득의 격차가 인정될 때 시장 참여자들이 최대의 노력을 투입하고 자신의 재능을 적재적소에 배치한다고 본다. 진보는 자유로운 경쟁이 보장되지 못하는 경우에는 시장 소득이 정당하지 않다고 여긴다. 특히 시장 참여 시 갖추는 능력이 부모의 능력에 의해 영향을 받는다는 점에서 무한한 정당성을 주장할 수 없음을 강조한다. 진보는 지나친 소득 격차가 사회 통합을 저해할 수 있으며 누구든 최소한의 인간다운 생활을 보장받아야 한다고 생각한다.

소득 재분배 측면에서 진보와 보수의 차이는 확연히 드러난다. 보수적인 성향일수록 정부가 소득 재분배에 개입하는 것을 반대하며, 각자 자신의 삶을 책임져야 하고 정부의 책임은 제한되어야 한다고 생각한다. 반면 진보적인 성향일수록 정부가 소득 불평등을 줄이는 데 노력해야 하고, 인간다운 생활을 보장하는 최소 복지는 정부의 책임이라고 생각한다.

소득 재분배 정책에 대한 지지 여부는 단순히 생각의 차이에 의해 결정되기보다는 자신의 사회경제적 지위 또는 소득 수준과 밀접한 관련을 갖는다. 소득 재분배 정책은 결국 부자에게 더 많은 세금을 부과해 빈자에게 이전하는 것으로, 이를 통해 부자는 손해를 보고 빈자는 이득을 보기 때문이다. 이에 소득이 높은 이들, 사회경제적 지위가 높은 이들은 보수적인 경향을 보일 가능성이 높고 소득이 낮을수록, 사회경제적 지위가 낮을수록 진보적인 경향을 보일 가능성이 높다.

그렇지만 세금을 통한 소득 재분배를 부자가 마냥 반대할 것이라고는 예단할 수 없다. 소득 재분배를 통해 사회 갈등을 완화하거나 저소득층, 실업자에 의한 범죄를 줄일 수 있다면 소득 재분배로 인해 부자도 후생이 증가할 수 있다. 과도한 수준의 소득 재분배에 대해서는 상류층의 반대가 불가피하지만, 높은 수준의 불평등 조건 아래에서 일정 수준까지의 소득 재분배는 중산층만이 아니라 상류층도 지지할 수 있다.

보수와 진보 차이는 정부의 시장 개입이나 소득 재분배 문제와 같은 경제적인 이슈에 한정되지 않는다. 광복 이후 우리나라는 남과 북으로 갈라졌고 한국전쟁을 통해 격심한 진통을 겪었다. 북한을 어떤 대상으로 볼 것인지에 대해 보수와 진보의 견해는 크게 갈라져 있다. 보수는 북한을 적대하고 북한 정권을 무너뜨려 흡수 통일해야 한다는 생각을 갖는 반면, 진보는 평화적인 공존을 바라고 필요한 경우 지원할 수도 있다고 생각한다. 보수 중에는 공산주의에 반대하는 것을 넘어 사회민주주의적인 사상에 대해서도 강한 반감을 가진 이들이 있는 반면, 진보는 반공주의를 구시대적인 이데올로기로 본다.

권위주의에 대한 생각에서도 진보와 보수의 차이는 드러난다. 보수는 지나치게 다양한 표현의 자유가 전통적 가치를 흔들고 사회를 혼란케 할 것을 우려한다. 또한 보수는 범죄를 비롯한 법 위반 행위에 대해 사법 당국이 엄격하게 대응할 것을 지지한다. 강력한 지도자가 우리 사회를 이끌어 가는 것을 상대적으로 선호한다. 이에 비해 진보는 남에게 피해를 주지 않는 한 자신의 자율성을 보장받길 원하고 전통적 가치를 상대화한다. 법질서가 지켜지는 것을 옹호하지만 비록 범죄자라고 해도 최소한의 인권이 보장되는 것을 지지하며 강력한 지도자가 인권을 무시할 위험을 경계한다.

보수화 현상은 한국에 한정된 것은 아니다. 유럽과 미국 정치에서는 이민자 문제가 중요한 쟁점으로 부각되었다. 진보는 소수자의 인권을 보호하는 원칙하에서 이민자에 대한 관대한 정책을 지지했다. 이에 비해 보수는 이민자에 의한 범죄를 우려하고 이민자가 자국민의 일자리를 빼앗고 복지 혜택을 과도하게 누린다고 비판했다. 중동의 난민이 유럽으로 유입되면서 유럽 각국에서는 이민자에 대한 우려가 증가했고 이는 유럽 정치의 보수화에 일조했다. 미국의 경우에도 불법 이민에 의한 일자리 감소 우려가 보수화에 기여했다.

한국종합사회조사 자료를 이용하여 정치 성향에 영향을 미치는 요인들이 우리나라 국민의 정치 성향에 어떤 영향을 주었는지 분석해보고자 한다. 우리의 주된 관심사는 청년의 보수화이고 지난 10여 년 사이에 앞서 언급한 영향 요인들에 어떤 변화가 있었는지를 살펴보고자 한다. 정치 성향에 영향을 미치는 요인과 관련된 질문이 매번 조사되는 것이 아니므로 일관된 비교 분석은 어렵다. 다만 2014년과 2023년에 상대적으로 많은 관련 변수를 확인할 수 있다는 점에서 두 연도를 비교하고, 필요시에는 2003년을 참고한다.

2000년대 이후 청년의 보수화가 꾸준하게 진행되었음을 한국종합사회조사 자료를 통해 확인할 수 있다. 2003년의 경우 보수 비중이 20대에서 33%, 30대에서 37%, 40대에서 49%로 나타난다. 연령이 증가할수록 보수 정당 지지자의 비중이 증가하는 추세를 확인할 수 있다. 10여 년이 지난 2014년에는 20대와 30대의 보수 성향자 비중이 동일해졌다. 2023년 조사를 살펴보면 20대의 보수 성향자 비중이 30대 보수 성향자 비중을 넘어선다. 연령이 높아질수록 보수 지지 비중이 증가하는 경향은 30대 이후 연령대부터 나타나고 있다.

20대 남성은 매우 보수적으로 변화한 반면 20대 여성은 반대로 진보적으로 변화했다. 2014년과 2023년을 대조해보면 극적인 변화가 확인된다. 2014년에는 20대와 30대 남성의 보수 비중이 동일했지만, 2023년에는 20대 남성의 보수 비중이 증가하고 30대 남성의 보수 비중은 감소했다. 2023년 남성 20대와 30대의 보수 비중 차이는 16%포인트로 벌어졌다. 반면 여성의 경우 2014년 20대와 30대의 차이는 미미한 반면 2023년에는 20대와 30대 모두 보수 비중이 크게 하락하면서 20대의 보수 비중이 더 낮아졌다.

시장의 공정성에 대한 인식은 매우 높게 유지되고 있다

정치 성향에 영향을 미치는 첫 번째 요인으로 시장소득의 공정성에 대한 인식의 차이에 어떤 변화가 있었는지 살펴보자. 한국종합사회조사에서는 성공에서 노력이 얼마나 중요하다고 생각하는지에 대해 물었다. "귀하는 인생에서 성공하는 데 열심히 일하는 것이 얼마나 중요하다고 생각하십니까?"라는 문항에 5점 척도로 답하게 하고 있는데 이것을 공정성 인식의 척도로 삼았다. 특히 "매우 중요하다"고 응답한 경우를 공정성 인식으로 정의하고 분석해보았다.

2014년의 공정성 인식 비중은 32%이고 2023년에는 그 비중에 변화가 없는 것으로 나타났다. 연령대별로 살펴보면 연령이 높을수록 공정성 인식이 높아지는 경향을 보이는데 상대적으로 고연령대에 비해 청년층은 열심히 일하는 것이 성공에서 매우 중요하다고 인식하는 정도가 낮은 편이었다. 2014년과 2023년 사이에 20대와 30대 사이에서 공정성 인식의 차이는 나타나지 않으며 남녀 차이도 보이지 않는다.

소득 결정의 바람직한 원리에 대해서는 다양한 견해가 공존한다. 한국종합사회조사에서는 2021년에 능력주의와 평등주의 그리고 복지주의를 구분하여 응답자들이 어떤 것을 선호하는지 조사하였다. "경제적 자원이 분배될 때 무엇이 가장 중요하게 고려되어야 하는가?"에 대해, 성과나 기여가 가장 큰 사람이 많이 받아야 한다(능력주의), 모든 사람이 비슷한 수준으로 받아야 한다(평등주의), 어려운 처지에 있는 사람이 충분히 받아야 한다(복지주의) 중에서 고르도록 했다. 우리나라 국민들은 능력주의 30.1%, 평등주의 43.0%, 복지주의 25.4%로 응답하였다. 2021년 한 번만 조사하였기에 변화를 볼 수 없다는 한계가 있지만 2020년대의 견해를 보여주는 자료라는 점에서 의미하는 바가 많다.

20대와 30대 사이에는 능력주의 분배 원리에 대한 선호 차이가 크고 청년 남녀 사이의 차이도 매우 크다. 20대는 37%가, 30대는 27%가 능력주의 분배 원리를 지지하여 20대의 선호 비율이 30대보다 상당히 높다. 이를 남녀로 구분해 보면 20대 남성의 50%가 능력주의를 선호한 반면 30대 남성은 32%만이 능력주의를 선호하여 그 차이가 18%포인트에 달한다. 이에 비해 여성은 20대와 30대 사이 28%, 31%로 큰 차이가 없다.

복지주의 분배 원리에 대한 선호는 능력주의와 상반된 모습을 보여준다. 20대의 복지주의 선호는 20%인 데 비해 30대는 32%로 큰 차이를 보여주고 있다. 특히 30대는 다른 연령대보다 복지주의에 대한 지지가 가장 높다. 남성의 경우 20대는 11%만이 복지주의를 선호하는 반면 30대는 32%로, 비중 차이가 21%포인트로 매우 크다. 여성의 경우 20대와 30대의 차이는 거의 없다.

20대 남성에서 능력주의 사고가 지배적이고 소득 재분배 지지는 하락

정치 성향에 영향을 주는 중요한 인식 중 하나는 소득 재분배에 대한 선호이다. 소득 재분배 선호는 "귀하는 고소득자와 저소득자 간 소득 차이를 줄이는 것이 정부의 책임이라는 주장에 얼마나 찬성 또는 반대하십니까?"라는 질문에 대한 5점 척도 답변을 활용하여 측정하였다. '찬성', '매우 찬성'을 소득 재분배 지지로 측정하는 경우 우리나라의 소득 재분배 지지는 2000년대 이후 지속적으로 하락하였다. 2003년 조사에서는 설문 응답자의 80%가 재분배를 지지했으나 2014년 68%로 하락하였고 2023년에는 61%로 하락하였다. 이러한 변화에는 복지정책 추진이 낮은 수준이었던 2000년대 초반에 비해 20여 년 동안 꾸준히 복지정책이 확대되어온 점이 영향을 미쳤을 것으로 여겨진다.

20대와 30대의 소득 재분배 선호를 비교해보면 2014년, 2023년 모두 20대보다 30대의 소득 재분배 지지가 높았다. 2014년에 20대의 선호는 61%인 데 비해 30대는 70%였고, 2023년에는 그 값이 각각 57%와 66%였다. 남성의 경우 20대와 30대 사이의 지지 차이가 10여 년 사이에 확대되었는데, 2014년에 13%포인트였던 데 비해 2023년에는 18%포인트로 늘어났다. 이는 20대 남성의 소득 재분배 선호가 더 하락했기 때문이다. 이에 비해 여성의 경우 20대와 30대 사이의 차이는 변하지 않았다.

소득 재분배 선호는 정치 성향과 밀접한 관계를 갖는데 앞서 살펴본 소득 재분배 지지의 하락 추세에서 정치 성향별 차이가 나타난다. 2003년에는 진보와 보수 사이에 소득 재분배 선호는 80% 내외로 비슷했지만 2014년에는 진보가 74%, 보수가 64%로 10%포인트 차이로 벌어졌고 2023년에는 진보가 69%, 보수가 60%로 10%포인트 가까이 차이가 유지되고 있다. 소득 재분배 지지를 선택한 사람일수록 진보 성향을 갖는 것으로 나타난다. 이는 상관계수를 통해 측정해볼 수 있는데 2014년과 2023년 공히 유의한 음의 값을 갖는다.

소득 재분배 지지와 자원 분배 원리에 대한 견해 사이에도 밀접한 관계가 있다. 앞서 설명한 2021년 조사 결과에 따라, 능력주의와 평등주의 그리고 복지주의 각각이 소득 재분배 지지와 어떤 상관관계를 갖는지 살펴보면, 소득 재분배 지지와 능력주의는 음의 상관관계를 갖는 반면 소득 재분배 지지와 복지주의는 양의 상관관계를 갖는다. 20대 남성에 한정하여 살펴보면 능력주의를 선호할수록 소득 재분배를 반대하고, 평등주의를 선호할수록 소득 재분배를 지지하는 모습이 나타났고, 복지주의는 소득 재분배와 관련이 없었다. 30대 남성도 20대 남성과 유사한 상관관계를 나타내고 있다. 반면 20대 여성에서는 복지주의가 소득 재분배 지지와 밀접히 관련되어 있고 능력주의와 평등주의는 관련이 없다.

북한에 대한 높아진 적대감이 청년 보수화를 설명하기 어렵다

북한과의 관계에 대한 입장 또한 보수와 진보 성향 결정에 영향을 미친다. 한국종합사회조사에서는 "귀하는 북한이 우리에게 어떤 대상이라고 생각하십니까?"라고 묻고 ① 지원 대상, ② 협력 대상, ③ 경계 대상, ④ 적대 대상 중에서 하나를 고르도록 하고 있다. '④ 적대 대상'을 선택한 경우를 반북주의로 규정하고 분석해보았다. 2003년 반북 비중은 9%에 불과했으나 2014년 20%로 증가했고 2023년에는 27%로 증가했다.

반북 성향과 보수 정치 성향은 밀접한 관계를 갖는다. 반북 성향과 보수 정치 성향의 상관계수를 측정한 결과 2014년과 2023년 공히 유의한 양의 값을 갖는다. 2014년에 비해 2023년에 상관관계는 더 강해졌다.

연령대별 경향을 살펴보면 2014년에는 20대의 반북 성향이 30대의 반북 성향에 비해 높다. 2023년의 경우 20대와 30대 간의 차이가 사라졌다. 20대의 반북 성향은 19%에서 23%로 소폭 증가했으나 30대의 반북 성향은 12%에서 25%로 대폭 증가했다. 연령대별 변화 경향으로는 20대의 보수화를 설명하기 어렵다.

외국인 근로자 유입에 따른 일자리 감소 우려 문제도 정치 성향에 영향을 줄 수 있다. 외국인이 일자리에 위협이 된다는 생각과 외국인 유입을 줄여야 한다는 생각을 반이민주의로 정의하고 한국종합사회조사의 관련 설문 문항을 이용하여 분석하였다. 외국인 유입 문제에 대해서는 2014년이 아닌 2013년에 조사하였기에 2013년과 2023년을 비교하여 살펴본다.

반이민주의 비중은 2013년 28%에서 2023년 32%로 4%포인트 증가하였다. 연령대별로 반이민주의 비중의 추이를 살펴보면 2013년에는 젊을수록 반이민주의 비중이 낮고 나이가 들수록 높아지는 양상을 보인다. 20~30대의 반이민주의 비중은 25% 수준이고 점차 증가하여 70대에서 36% 비중을 보여준다. 그런데 2023년에는 20대와 30대의 반이민주의 비중이 크게 증가하여 각각 35%, 32%를 나타냈다. 고령층에서 높은 반이민주의가 유지됨에 따라 U자 형태의 추이로 변화하였다. 남녀로 구분하여 살펴보면, 20대 남성과 20대 여성의 반이민주의 비중이 2013년과 2023년 사이 비슷하게 증가하였으며, 30대에서는 여성의 반이민주의 비중이 더 크게 증가하였다.

반이민주의와 보수 정치 성향의 관계를 상관계수로 살펴보면 2013년에는 보수 성향인 이들이 반이민주의적인 모습을 보여주었다. 두 변수의 상관관계는 0.07이고 유의한 값이다. 이에 비해 2023년에는 반이민주의와 보수 정치 성향 사이에 상관관계는 확인되지 않았다. 반이민주의로 20대의 보수화를 설명하는 데에는 한계가 있다.

청년의 엄격한 법질서 선호 경향 증가

엄정한 법질서 유지는 보수적인 정치 성향과 밀접한 관련을 갖는다. 한국종합사회조사에서는 "우리나라에 진정으로 필요한 것은 폭넓은 '인권 보장'이 아니라 좀 더 '강력한 법질서'이다"라는 진술문에 동의하는 정도를 7점 척도로 측정하고 있다. 6점 이상을 권위주의로 정의하고 청년층에서의 권위주의 경향의 변화를 살펴본 후, 이것이 정치 성향과 어떤 관계를 갖는지 검토하였다. 권위주의 관련 진술문은 2014년이 아닌 2016년에 조사되었으므로 연도에 유의할 필요가 있다.

권위주의 비중은 2016년 17%에서 2023년 25%로 증가하였다. 연령대별 차이를 보면 2016년에 20대가 6%, 30대는 12%였는데 2023년에는 20대가 20%, 30대도 19%로 증가했다. 특기할 점은 20대의 권위주의 선호가 더 큰 폭으로 증가했다는 것이다. 성별로 구분해서 보면 권위주의 비중 증가는 여성에서 더 두드러진다. 20대 남성은 9%에서 19%로 증가한 반면 20대 여성은 3%에서 20%로 증가하였다. 2023년에는 20대 남녀 간 차이가 거의 없다. 30대의 경우 2016년 남녀 공히 12% 내외 수준이었는데, 2023년 여성의 권위주의 비중은 22%로 더 큰 폭으로 증가했고 남성의 비중은 17%로 증가하는 데 그쳤다.

권위주의와 보수 정치 성향의 관계를 상관계수로 살펴보면, 2016년에는 권위주의 성향을 갖는 이들이 보수 정치 성향을 보이는 경향이 확인되며, 두 변수의 상관관계는 0.11이고 유의하다. 2023년에는 권위주의 성향과 보수 정치 성향 사이의 관계가 더욱 강화되어 상관계수는 0.16으로 증가하였다. 권위주의 증가는 남녀 공히 보수화를 추동했지만 여성의 경우 보수화를 막는 다른 요인, 예를 들어 페미니즘 관련 영향 등이 있었을 것으로 추정된다. 하지만 상쇄하는 요인이 무엇인지를 상세히 밝혀내지는 못했다.

이상에서 정치 성향에 영향을 미치는 요인들을 시장 공정성 인식, 소득 재분배 선호, 북한에 대한 태도, 외국인 유입에 대한 견해, 권위주의 성향으로 구분한 뒤, 해당 인식이 2014년 전후와 2023년 사이에 어떻게 변화해왔는지를 전체 연령대와 청년 세대로 나누어 살펴보았다. 그리고 각각의 요인이 정치 성향과 어떤 관계를 갖는지를 검토했다. 검토 결과 20대의 보수화, 특히 20대 남성의 보수화에 영향을 미치는 요인을 다음과 같이 요약해볼 수 있다.

첫째, 열심히 노력하는 것이 성공에 중요하다는 인식은 전 세대에서 높은 수준으로 유지되고 있다. 시장 공정성 인식에 있어서 지난 10여 년 사이에 20대 남녀 간 변화는 없었고 20대와 30대 사이의 차이도 확인할 수 없었다. 따라서 청년의 시장 공정성 인식 변화가 정치적 보수화에 영향을 미쳤다고 보기는 어렵다.

둘째, 경제적 자원의 분배 원리를 능력주의, 평등주의 그리고 복지주의로 구분할 때 2021년 기준 능력주의 응답자의 비중이 20대에서 가장 높고 30대는 이에 비해 크게 낮다. 복지주의를 선호한 이의 비중은 20대에서 가장 낮고 30대에서 가장 높게 나타났다. 즉 20대 남성은 경제적 보수주의에 가장 충실한 것으로 나타났다. 20대 남성의 보수성은 이러한 특성과 긴밀하게 관련되어 있다. 아쉽게도 2010년대에 조사된 자료가 없어 20대의 능력주의 인식의 변천을 알 수 없지만, 20대의 보수화는 능력주의 인식에 의해 추동되고 있다고 짐작된다.

청년의 능력주의 확산을 감안한 정책 수립이 필요

셋째, 2014년 대비 2023년에 20대 남성의 소득 재분배 지지 비중은 하락한 반면 30대 남성의 소득 재분배 지지 비중에는 변화가 없었다. 소득 재분배 지지가 낮을수록 보수 성향이 높아지는 것이 지속적으로 강하게 관찰되는 바, 20대 남성의 보수화는 소득 재분배 지지 하락과 밀접히 관련되어 있다.

넷째, 전체적으로 북한을 적대적으로 보는 경향은 전 세대에서 증가하고 있지만, 20대에서 더 크게 증가한 것은 아니며 20대 남성과 여성 사이의 차이도 확인되지 않는다. 북한에 대한 인식 변화가 20대 청년의 보수화에 영향을 주지는 않은 것으로 보인다.

다섯째, 최근 10여 년 사이 반이민주의 경향이 청년층에서 대폭 증가한 것이 확인된다. 10여 년 전에는 반이민주의 경향이 보수화와 관련되어 있었지만 최근에는 반이민주의와 보수 성향 사이에 유의한 관계는 확인되지 않는다. 반이민주의 경향의 증가가 20대의 보수화를 설명하는 데에는 한계가 있는 것으로 보인다.

여섯째, 인권 보장보다 강력한 법질서를 원하는 권위주의 경향은 지난 10여 년 사이에 증가했으며 특히 20대의 권위주의 성향이 30대에 비해 크게 증가했다. 또한 권위주의 지지와 보수 성향 사이의 관계도 강화되었으며, 이것이 청년의 보수성을 강화한 것으로 보인다. 여성의 권위주의 성향도 증가했지만 페미니즘 확산 등의 요인들이 여성의 보수화를 막았을 것으로 추정된다.

30대 남녀 또는 20대 여성과 비교할 때 20대 남성의 보수화가 지난 10년 사이에 진행되었고, 20대 남성에서 소득 재분배 선호가 하락하고 권위주의 경향이 강화된 것이 보수화에 영향을 주었을 것으로 보인다. 반면 북한에 대한 적대적 인식이나 외국인 근로자 유입에 대한 반감은 그다지 영향을 주지 않은 것으로 생각된다. 20대 남성에서 나타나는 '소득은 성과나 기여에 의해 결정되어야 한다'는 능력주의의 높은 비중과 '어려운 처지의 사람들을 배려해야 한다'는 복지주의의 낮은 비중이 소득 재분배 선호 변화와 관련되어 있을 것으로 추론된다. 성과나 기여에 따른 경제적 자원 분배에 대한 기대가 젊은 세대에서 매우 높고 소득 재분배 선호가 전 연령 세대에서 추세적으로 하락하고 있다는 점을 감안한 경제·사회 정책 수립이 요구된다.

4장 모형 분석: 저성장이 정치적 양극화를 촉진하는가?

허석균(중앙대학교 경영학부)

    지금까지는 경제적 불평등 확대가 정치사회적 견해의 양극화를 야기하는 주요 원인으로 흔히 지목되어왔다. 하지만 이 글에서는 경제성장 둔화만으로도 정치사회적 입장 차가 벌어질 수 있으며, 이것이 최근 한국에서 나타나는 양극화 현상의 원인일 수 있다는 점에 주목하고자 한다.

    민주주의가 위협받고 권위주의적인 정치세력이 세를 얻어가는 다른 나라의 경험을 강 건너 불구경하듯 보던 우리에게 2024년 12월 3일은 불면의 밤 이상이었다. 대부분의 시민에게 한국 민주주의의 취약성을 깨닫게 해준 분명한 계기가 되었다. 하지만 우리를 더 기함케 한 것은 헌법질서 파기를 의도한 비상계엄을 지지하는 세력의 등장이었다. 이들의 출현으로 말미암아 한국 사회가 가진 심각한 정치사회적 양극화 문제가 노정되었다.

  우선 이 글에서는 간략하게 우리나라의 경제 상황을 살펴본 후 최근 두드러지고 있는 정치사회적 견해의 양극화가 어떤 경제적 요인의 영향을 받고 있는지를 살펴본다. 그런 다음 이렇게 식별된 경제적 요인이 정치사회적 양극화에 영향을 미치는 경로에 대한 경제학적인 설명을 붙이고자 한다. 경제적 불평등도의 악화가 정치사회적 양극화를 심화시킨다는 주장은 굉장히 설득력 있는 논리이다. 이에 최근 우리나라 분배지표의 추이를 살펴봄으로써 경제적 불평등이 실제로 확대되었는지 확인해보고자 한다. 더불어 지속적인 우리 경제의 성장률 둔화 현상도 간과할 수 없을 것이다. 특히, 후자의 경우 성장률 둔화가 정치사회적 견해의 양극화를 심화시킨다는 인과관계를 직관적으로 받아들이기 어려운 만큼, 간단한 가상의 경제를 예로 들어 추가 설명을 하고자 한다.

  우선 소득 불평등도를 살펴보면 한국 민주주의의 토대 훼손을 우려할 만큼 악화된 모습은 확인할 수 없다. 1997년 외환위기 이후 크게 악화되었던 (가처분) 소득지니계수는 이후 완만하게 개선되거나 횡보하는 모습을 보여왔다. 이러한 패턴은 최상위 10%의 소득을 최하위 10%의 소득으로 나눈 소위 소득10분위배율에서도 유사하게 확인된다. 소득 불평등도의 완만한 완화 경향의 배후에는 정부의 재분배정책이 소기의 성과를 거둔 것으로 보인다. 지니계수를 기준으로 시장소득의 불평등도는 2000년대 이후 크게 완화되지 않았으나, 공적이전소득이나 조세부담을 반영한 가처분소득의 불평등도는 상당히 크게 감소했다.

물론 이 과정에서 재분배정책의 확대에 대한 기득권층 등의 반감이 보수·진보 갈등을 확대하는 요인으로 작용하였다는 지적이 제기된 바 있다. 더불어 시장소득과 가처분소득 지니계수의 차로 파악한 재분배정책의 효과가 다른 나라[1]와 비교할 때 그리 크지 않은 것으로 나타나, 보다 적극적인 재분배정책을 요구하는 목소리도 들리는 실정이다. 단순히 가처분소득을 기준으로 경제적 불평등도의 악화 여부를 판단하는 것은 섣부른 일일 것이다. 사실 가처분소득이 아닌 보유 자산을 기준으로 지니계수를 구하거나 국민 전체가 아닌 특정 세대(노년층과 청년층)나 직역(영세자영업자, 비정규직)에 초점을 맞추어 이들의 경제적 어려움을 살펴보면, 경제적 불평등도가 악화된 측면을 부인할 수 없을 것이다. 또는 이들의 악화된 경제적 지위를 경제 구성원 전체로 확대했을 때 소득지니계수로 명확히 파악되지 않았을 수도 있다.

여하튼 소득 불평등도가 적어도 (크게) 악화되지 않은 상황에서 최근 정치적 양극화가 심화되고 민주주의를 부정하는 언행이 등장하는 모습이 펼쳐진 것은 '경제성장 하락으로 인한 갈등과 미래에 대한 불안'이 반영된 까닭으로 보인다. 실제로 우리나라의 경제성장률은 1990년대 후반과 2000년대 초반을 지나면서 경향적으로 하

---

1 비교 대상 국가에는 미국, 영국, 일본, 프랑스, 독일, 스웨덴이 포함된다. 관련 정보는 OECD의 국가별 자료 페이지에서 쉽게 찾을 수 있다.

락하고 있다. 중국 경제의 추격, 고령화 등이 원인으로 지목되고 있지만, 분명한 것은 이러한 경제성장률의 하락 추세를 국민 대부분이 인지하고 있다는 점이다. 흡사 기온이 오름에 따라 녹아내리는 아이스크림을 보면서 사람들의 주의가 아이스크림을 나누는 방법에 쏠리는 것처럼, 경제성장률이 하락함에 따라 소득분배가 실제로 크게 악화되지 않았음에도 사람들이 분배를 둘러싸고 이견을 보이게 된다. 더욱이 이러한 갈등을 해결하기 위한 정치사회적 논의 과정이나 해법이 부재한 상황이라는 점에서 민주주의에 대한 위협은 계속되고 있다고 봐야 할 것이다.

이 글에서는 소득분배지표가 크게 악화되지 않고 심지어 일부 지표는 개선되기도 하는 가운데 경제성장률이 둔화하는 상황을 전제로 한다. 이 상황에서 정치사회적 양극화가 어떤 경로를 통해 악화되는지를 단순한 경제학적 논법으로 풀어보고자 한다. 이를 위해 진보 그룹과 보수 그룹으로 양분되는 구성원으로 이루어진 가상의 경제를 가정한다. 이들의 선호관계는 경제성장률과 경제적 불평등의 두 축으로 이루어진 공간 위에 정의한다. 이 영역에서 잠재 경제성장률(혹은 기술적으로 가능한 최대 경제성장률)의 하락에 따라 두 그룹이 지지하는 경제성장률과 경제적 불평등도의 조합이 멀어질 수 있음을 보이는 방식으로 정치사회적 양극화 현상을 설명하고자 한다. 또한 두 그룹이 지지하는 정책 선호 조합이 현재의 경제 상태와 떨어진 정도로 정책 선호 표출의 강도intensity를 예측해보고자 한다.[2] 물론 현실에서 진보와 보수의 두 정치 그룹이 경쟁과 대립을 하는 영역은 경제성장률이나 경제적 불평등도와 같은 경제 문제에만 국한되지 않는다. 하지만 여기서는 경제적인 차원, 그 중에서도 (경제성장률, 경제적 불평등도)의 조합이라는 제한된 범위에서 양 그룹의 대립 관계를 살펴보고자 한다.

앞서 소개된 강신욱과 김혜원의 논의로부터 소득이나 자산, 연령, 성별 등에 따라 사회적 현안이나 정책 대안에 대한 선호가 갈리고 있음을 파악할 수 있었다. 이를 근거로 개인은 연령, 성별, 소득 및 자산 규모에 따라 경제성장률과 불평등의 조합에 대해 다른 선호관계를 갖게 된다고 가정한다. 경제 전체의 성장률과 경제적 불평등도가 개인 혹은 특정 그룹에게 미치는 영향은 다른 개인이나 그룹에게 미치는 영향과 다를 수 있기 때문이다. 이는 해당 개인 또는 그룹의 특별한 사회경제적 지위, 역할이나 사회구조의 특수성에 기인한 것이다. 예를 들어, 경제성장률이 5%일지라도 성장의 과실을 분배하는 단계에서는 노동시장에서 나의 지위가 고용인인지 피고용인인지, 정규직인지 임시직인지에 따라 임금상승률이 5%보다 높을 수도 있고 낮을 수도 있는 것이다. 그리고 이런 경험이 반복되면서, 개인이나 집단은 경제성장률과 경제적 불평등의 조합에 대한 고유의 선호관계를 생성하게 되는 것이다.

그림 4-1에서는 사회의 상태를 (경제성장률, 경제적 불평등)의

---

2   유권자의 입장에서 이는 각 시점마다 각 정당이 얼마나 진보적인지 보수적인지를 판별하는 근거로 삼을 수 있을 것이다.

조합으로 표시하고 있다. 사람들이 이 공간 내 여러 사회 상태 간에 성립하는 자신의 선호관계를 인지하고 있다면 이를 지형의 높낮이를 구분하는 등고선과 같은 방식으로 표현하는 것이 가능해진다.[3] 같은 고도를 갖는 지점을 연결하는 등고선처럼 그림의 곡선은 동등하게 선호되는 (경제성장률, 경제적 불평등)의 집합을 하나의 곡선으로 표시한다. 그리고 그림에서 보다시피 이 등고선이 우상향(좌하향) 방향에 위치할수록 높은(낮은) 경제성장률, 낮은(높은) 경제적 불평등도를 의미하기 때문에 더(덜) 선호됨을 알 수 있다.

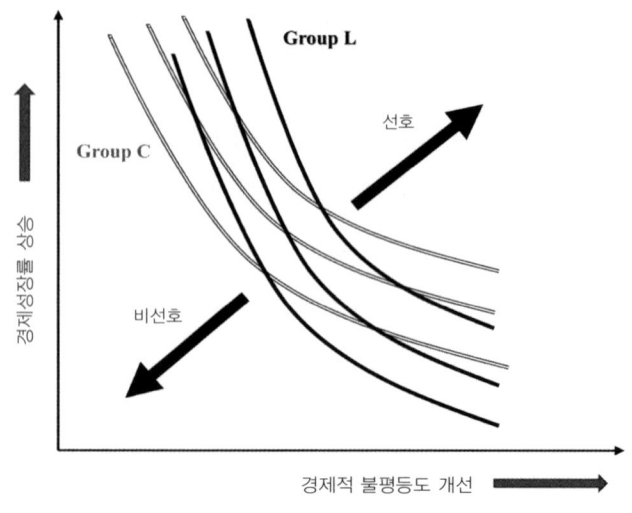

그림 4-1

---

3   경제학에서는 이러한 방식으로 소비자의 선호관계를 표현하고, 이를 무차별 지도(indifference map)라 부른다.

한편, 사람이나 집단별로 이 등고선들이 다른 기울기를 가질 수 있다. 등고선의 기울기는 사실 개인이 경제적 불평등도와 경제성장률에 부여하는 주관적 교환비율을 의미한다. 다시 말해 등고선이 급한 기울기를 갖는 경우(Group L)에는 완만한 경우(Group C)에 비하여 경제적 불평등에 보다 높은 가치를 부여하는 성향을 보이게 된다.[4] 반대로 완만한 경우는 경제성장에 더 관심을 기울이는 모습을 보인다. 이는 통상적으로 경제 문제에서 진보와 보수가 우선적으로 추구한다고 알려진 지향성과 일치한다.

앞서 강신욱과 김혜원의 논의 결과를 참고하면 누가 그룹 L에 속하고 누가 그룹 C에 속하는지 연령, 경제적 능력, 성별 등의 조합으로 구분해볼 수 있다. 이러한 선호의 차이가 연령대별, 성별, 소득·자산 별로 나타나는 것은 다양한 원인으로부터 영향을 받았을 가능성이 크다.

기준	그룹 L (진보 성향)	그룹 C (보수 성향)
소득/자산	중간	고/저
연령	저연령	고연령
청년층(한정)[5]	여성	남성

표 4-1

---

4 그룹 L과 그룹 C는 진보(liberalism)와 보수(conservatism)에서 따온 것이다.
5 청년 남성의 보수성은 동일 연령 그룹의 여성과 비교하여 두드러지는 것이지 다른 연령 그룹에 비하여 더 보수적이라고 볼 수는 없을 것이다.

예를 들어, 진보 정책에 대한 선호가 소득과 자산에 대해 역U자형으로 관측된 것은 고분위와 저분위 계층의 경우 자신들의 경제적 지위가 바뀔 가능성이 그리 크지 않아 경제적 불평등도의 변동에 대해 덜 민감한 반면, 중간 분위 계층은 소득분위가 하락할 위험에 대한 공포와 소득분위가 상승할 가능성에 대한 낮은 기대감이 맞물려 경제적 불평등도의 변동에 대한 민감도가 상대적으로 크기 때문으로 보인다. 반면, 과거에 시행된 성장이나 분배 관련 정부 정책의 형태와 효과성에 대한 이질적 인식이나 경험으로 인해 사회경제적 특성에 따라 (경제성장률, 경제적 불평등)의 조합에 대한 선호가 달라질 수도 있는 것이다. 예를 들어, 동일 연령층의 여성에 비하여 상대적으로 보수화된 청년 남성의 태도는 사회복지정책, 채용시장, 입시경쟁 등에서의 소외감이 누적된 결과로 이해할 수 있다.

앞서 정의된 그림의 선택 공간에서 표현된 것처럼 기울기가 다른 두 개인 혹은 집단의 등고선은 이와 같은 선호의 이질성이 반영된 결과이다. 경제 전체의 성장률과 경제적 불평등도가 개인 혹은 특정 그룹에게 미치는 영향은 타인이나 타그룹에 미치는 영향과 다를 수 있기 때문이며, 이는 해당 개인 또는 그룹의 위치나 경제구조의 특수성에 기인한 것이다.

이제 (경제성장률, 경제적 불평등도)의 영역에 (x_n, y_n)이라는 점을 정의한다. x_n은 달성 가능한 가장 낮은 불평등도를, y_n은 기술적으로 가능한 최대 경제성장률(혹은 잠재성장률)을 나타낸다(그림 4-2 참조). 따라서 사람들은 이 점을 일종의 물리적 한계로 인식하며, 경제성장률 ≤ y_n이고 불평등도 ≥ x_n인 범위에서 선호관계를 정의한다. 4-2 그림에서 (x_n, y_n)에서 수직으로 만나는 두 점선의 좌측 하단 분면(3/4분면)에 해당한다.

여기서 (경제성장률, 경제적 불평등도)로 표현되는 경제의 현 위치는 (x_0, y_0)이며, 사람들은 다양한 조합의 경제정책을 실시하여 현재의 경제 상황 (x_0, y_0)를 지나는 우하향 직선의 다른 점으로 이동하는 것이 가능하다고 믿고 있다. 이 우하향 직선을 재정정책선Fiscal Policy Line, FPL이라고 명명하는데, 이는 통상적으로 정부가 재정활동을 통해 소득 재분배나 경기부양을 도모할 수 있지만 예산 제약으로 인해 소득 재분배와 경기부양을 동시에 도모하기에는 제약이 있음을 표현한 것이다.

그림 4-2를 살펴보자. (x_0, y_0)의 경제 상황에서 각 그룹이 지지하는 정책 기조 L^*과 C^*는 그룹 L과 C의 선호를 나타내는 등고선과 접하는 점에서 찾을 수 있다. 이로부터 그룹 L과 그룹 C의 정책 선호의 간극 혹은 정치적 양극화의 정도는 $\|L^* - C^*\| \equiv L^*$과 C^* 간의 거리로 파악할 수 있다. 또한 그룹 L과 그룹 C가 자신의 정책 선호를 표출하는 강도는 현재 경제 상황과 선호하는 경제 상황 간의 거리와 비례하는 것으로 볼 수 있다.

$$\text{그룹 } C \text{의 정책 선호 강도} \equiv \|C^* - (x_0, y_0)\|$$
$$\text{그룹 } L \text{의 정책 선호 강도} \equiv \|L^* - (x_0, y_0)\|$$

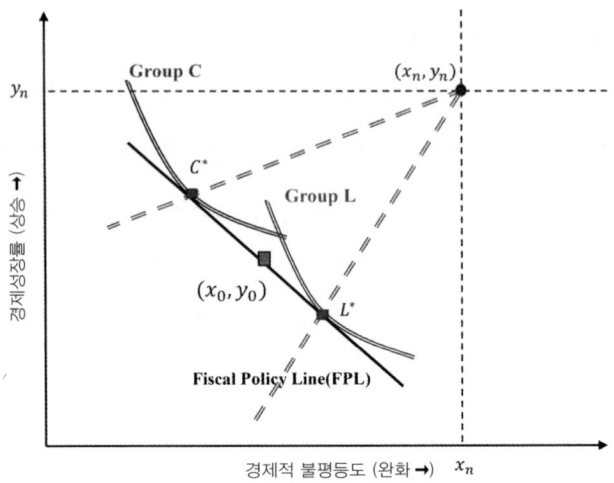

그림 4-2

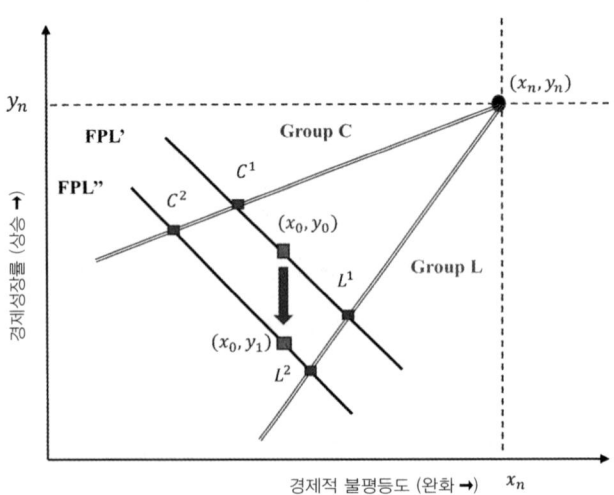

그림 4-3

알다시피 현재의 경제 상황 (x_0, y_0)은 임의로 주어진 것이다. 따라서 모든 가능한 (x_0, y_0)에서 각 그룹의 선택을 모아서 기록한 것이 점선으로 그려진 소위 '**선택궤적**'이다.[6] 4-2 그림의 왼쪽 점선은 그룹 C, 오른쪽 점선은 그룹 L의 선택집합이다(그림 4-3에서는 실선으로 표현된다). 일단 각 그룹의 선택궤적을 파악한 후에는 앞서 정의한 무차별 곡선은 더 이상 필요하지 않다. 단지 경제의 현 상황을 지나는 재정정책선FPL과 선택궤적이 만나는 점에서 각 그룹이 가장 선호하는 경제성장률과 경제적 불평등도의 조합을 파악할 수 있다.

한편 그림 4-3은 이 경제의 상황이 (x_0, y_0)에서 (x_0, y_1)으로 바뀌는 경우 각 그룹이 선호하는 정책 기조가 어떻게 바뀌는지를 보여준다(단, $y_0 > y_1$). 기존 (x_0, y_0) 상태에서 (L^1, C^1)을 지지하던 그룹 L과 C가 경제성장률만이 하락한 (x_0, y_1)으로의 이동에 반응하여 (L^2, C^2)로 지지하는 정책 조합을 바꾸는 상황을 묘사하고 있다.

경제성장률 감소로 인해 두 그룹이 지지하는 정책 기조 간의 거리는 이전보다 더 벌어지게 된다는 것을 확인할 수 있다 ($\|L^1 - C^1\| < \|L^2 - C^2\|$). 이 경제의 상황이 (x_0, y_0)에서 (x_0, y_1)으로 바뀌어 경제성장률만 감소하고 경제적 불평등도에는 변화가 없었다는 점을 감안하면($y_0 > y_1$), 하락한 경제성장률로 인해 분배에 관한 논쟁이 치열해지고 이로 인해 정치사회적 견해의 양극화

---

[6] 이 선택궤적을 선형으로 그린 기술적 근거에 대해 관심이 있는 독자는 78-79쪽의 박스 부분을 읽어보기 바란다.

가 심화될 수 있음을 예상케 한다. 그리고 이와 같은 결과는 경제성장률 감소의 부정적 영향이 일정 규모 이하의 경제적 불평등도 개선 효과와 함께 도래하는 경우에도 크게 달라지지는 않을 것이다. 직관적으로 볼 때 경제성장률 하락에 의한 부정적 효과를 해소하는 차원에서 경제적 불평등도의 악화를 수용하는 폭은 그룹 C가 그룹 L에 비하여 클 수밖에 없다. 따라서 양 그룹이 선호하는 정책적 입장의 거리가 멀어지게 된 것이다.

선형의 선택궤적을 위한 조건

물론 L^1과 L^2가 완전상태 (x_n, y_n)을 지나는 하나의 직선 위에 놓이고, C^1과 C^2 역시 완전상태 (x_n, y_n)을 지나는 또 다른 직선 위에 놓이는 상황은 모든 임의의 합리적 선호관계에서 성립하는 결과는 아니다. 하지만 통상적으로 경제학 이론에서 수용하는 합리적 선호가 충족해야 할 조건에 더하여 다음의 세 조건을 만족한다면, 그 선호관계는 그림 4-3과 같은 결과를 도출하게 된다.

추가 조건 1 임의의 경제 상태에 대한 선호 또는 효용은 해당 상태와 완전상태 (x_n, y_n) 간 거리함수의 단조감소변환으로 정의된다.[7]

추가 조건 2 위의 거리함수는 임의의 두 점에 대해 정의되며, 두 점이 같은 방향으로 같은 폭의 이동을 한다면, 이동 후에도 동일한 거리를 유지한다.

추가 조건 3 위의 거리함수하에서 두 점이 각각 원점과 잇는 직선 상에서 $n(>0)$ 배수만큼 확대된다면, 이동 후 그 두 점 간 거리는 원래 거리의 $m(>0)$ 배수만큼 증가한 것으로 측정된다. 단, $n>(<)1$이면 $m>1(<1)$의 관계가 유지되어야 한다.

이 조건들은 (경제성장률, 경제적 불평등도)의 영역에 정의된 선호 또는 효용함수에 대해 통상적으로 요구되는 합리성 외에 부가된 것이 지만, 그 구체적 내용이 받아들이기 어려운 수준으로 비현실적인 것은 아니다. 예를 들어, 위에서 언급된 '거리함수'를 물리적인 거리를 측정하는 것으로 특정한다면, **추가 조건 2, 3**이 쉽게 충족됨을 알 수 있다. 또한 **추가 조건 1** 역시 수용하기 그리 어렵지 않다. '해당 상태와 완전상태 (x_n, y_n) 간 거리함수의 단조감소변환'으로 분석에 사용된 효용함수를 정의한 것은 완전상태를 사람들이 판단 기준점으로 설정하고 이에 근거하여 선호관계를 판단한다는 행동경제학의 중요 원칙 중 하나인 참조의존성reference dependence을 받아들인 까닭이다.

여기서 사용되는 '거리'는 기하학에서 통용되는 거리 개념을 포괄하는 측도이다. 물리적 공간에서 정의되는 거리가 직교좌표를 기준으로 각 축에서 측정한 좌표값의 차이를 제곱하여 단순 합산하는

---

7 통상적으로 합리적인 선호관계는 함수로 표현되는데, 이 함수를 효용함수라고 부른다. 따라서 위에서 언급한 거리의 단조감소변환은 일종의 효용함수가 되는 셈이다.

식으로 처리하는 데 반하여, 경제성장률과 경제적 불평등도를 축으로 정의된 공간에서 측정하는 우리의 '거리'는 현재의 경제성장률과 최대성장률 간의 차이의 제곱과 현재의 불평등도와 최선의 불평등도 간의 차이의 제곱을 다른 가중치를 적용하여 합산하는 셈이다. 그리고 이 가중치는 사람마다 혹은 집단마다 다른 값을 갖게 된다. 경제성장률 차의 제곱에 더 많은 가중치를 둔다면 이 사람은 보수적인 선택을, 불평등도의 차이에 더 큰 가중치를 부여한다면 진보적인 선택을 하는 경향을 드러내게 된다.

아마도 누구나 본인을 포함하여 주변에서 대학입학 시험을 치러 본 경험이 있을 것이다. 대학교마다 학생 선발을 위해 다른 기준을 적용하는데, 이는 지원 학생이 제출한 다양한 항목의 점수를 합산하는 항목별 가중치가 다름을 의미한다. 마찬가지로 경제성장률과 경제적 불평등도를 축으로 정의된 이 공간에서도 '주관적 거리'를 정의함에 있어 개개인이 적용하는 가중치는 가치관이나 성향에 따라 달라질 수 있다.

한편, 정책 선호 강도 측면에서 볼 때, (x_0, y_0)에서 (x_0, y_1)으로의 이동은 그룹 L의 정책 선호 강도는 약화시키고 그룹 C의 정책 선호 강도는 강화시키는 방향으로 작용하게 될 것이다.

$$\| L^1 - (x_0, y_0) \| > \| L^2 - (x_0, y_1) \|, \quad \| C^1 - (x_0, y_0) \| < \| C^2 - (x_0, y_1) \|$$

정책 선호 강도는 현재의 경제 상태와 각 그룹이 (현시점에서) 희망하는 경제 상태 간의 거리로 정의된다. 진보와 보수 진영에서 주도적인 역할을 하는 정당이 하나씩 존재하는 양당제 체제라면, 이 때 경제성장률 하락은 진보에 비하여 보수 정당이 좀 더 보수 색채를 드러내는 행태를 보이도록 유인하는 방향으로 작용할 것이라는 의미이다. 직관적으로 경제성장률이 하락하는 상황에서 이를 만회하기 위하여 상대적으로 더 많이 경제적 형평성을 희생할 용의가 있는 측이 그룹 L보다는 그룹 C이기 때문이다.

지금까지는 경제성장률 하락이 이 경제가 성장할 수 있는 최대성장률에 영향을 미치는 것은 아니라는 전제하에 분석한 것이다. 하지만 사실 근래 우리나라의 경제성장률 하락을 일시적 현상이라기보다는 저출생, 고령화나 성장 동력의 상실과 같이 성장에 부정적인 요인들이 동시에 발현된 결과로 이해하는 입장도 다수 존재한다. 그렇다면 이번에는 최대성장률(혹은 잠재성장률)이 하락하여 실제 경제성장률이 따라서 하락하는 경우로 전제를 수정하고, 그룹 L과 그룹 C 간의 정치적 입장 차와 정책 선호 표현의 강도가 어떻게 바뀌는지를 살펴본다. 구체적으로는 최대 경제성장률은 y_n에서 $y_{n'}(y_n > y_{n'})$으로 하락하고 실제 경제성장률은 y_0에서 $y_1(y_0 > y_1)$으로 하락하는 것으로 가정한다. 단, $y_n - y_{n'} \neq y_0 - y_1$의 관계를 가정한다.

최대성장률과 실제 경제성장률이 동시에 하락함에 따라 두 그룹의 선택은 다음과 같이 바뀌게 된다. 먼저 그룹 L과 C 간의 정치적 입장 차는 최대(혹은 잠재) 성장률과 실제 경제성장률의 하락 폭

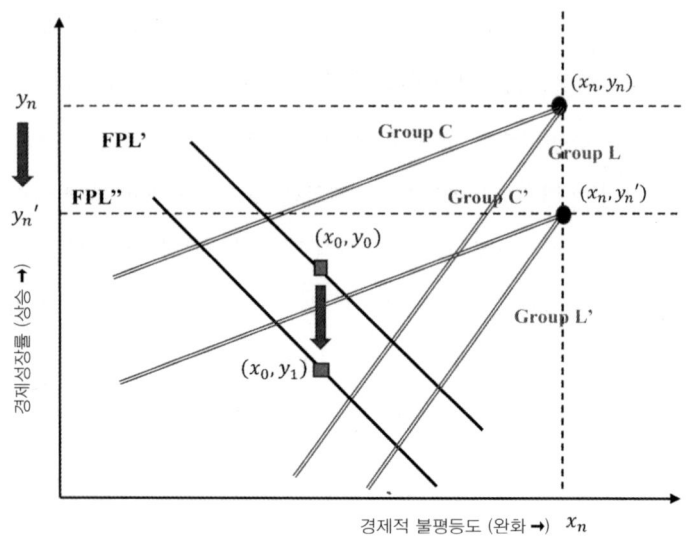

그림 4-4

이 어느 쪽이 더 심한지에 따라 이전에 비하여 확대되거나 축소되는 것이 가능하다. 만약 $y_n - y_{n'} = y_0 - y_1$이라면 식 그대로 최대성장률의 하락폭만큼 현재의 경제성장률이 이전에 비하여 감소하였음을 의미한다. 따라서 기준점인 완전상태와 현상태 간의 거리에는 변화가 없는 만큼 양 그룹의 정치사회적 견해의 간극에도 차이가 없을 것이다. 다음으로 $y_n - y_{n'} > y_0 - y_1$은 최대성장률은 하락하였지만 일시적인 호황 요인이 작용하여 최대성장률 하락의 충격을 일시적으로 완화시켜주는 상황으로, 이때는 두 집단의 정치사회적 입장 차는 오히려 좁혀지는 모습이 나타날 것이다. 그리고 $y_n - y_{n'} < y_0 - y_1$은 최대성장률 하락과 아울러 엎친 데 덮친 격

으로 일시적인 부정적 충격이 발생한 상태이므로, 두 집단의 정치사회적 입장 차는 확대될 것이다.

또한 현실의 경제 상황과 각 그룹이 선호하는 경제 상황 간의 거리로 정의되는 정치 선호 표현 강도 역시 $y_n - y_{n'} = y_0 - y_1$이라면 이전과 변함이 없겠지만, $y_n - y_{n'} > (<) y_0 - y_1$이라면 그룹 L(그룹 C)의 정책 선호 강도는 이전보다 강(약)해질 것이다. 이러한 결과는 바꿔 말하면 성장률 하락이 예상보다 크지 않은 경우에는 진보 그룹의 목소리가, 성장률 하락이 예상보다 심각한 경우에는 오히려 보수 그룹의 목소리가 더 크게 들릴 것이라는 예측을 가능케 한다.

이렇듯 재정정책선FPL과 확장경로의 평행 이동의 폭이 같을 필요가 없다는 점을 감안하면, 경제성장률이 상승하는가 하락하는가, 경제성장률 하락이 기대보다 심한가 심하지 않은가에 따라 보수·진보 정당의 정책이 다양한 모습으로 무게중심을 옮길 수 있음을 확인할 수 있다. 물론 이 경우 정치적 선호 그룹 L과 C의 선택이 정당의 정책으로 반영되기 위해서는 각 정당이 중간투표자의 정리median voter theorem가 아니라 '집토끼 지키기' 전략을 따르는 것을 암묵적으로 가정해야 할 것이다. 그런 경우 최대 경제성장률과 실제 경제성장률의 움직임의 방향 및 상대적 크기에 따라, 보수 정당의 복지 비전이 유난스레 들리고 진보 정당의 성장 중시 정책이 낯설지 않은 상황을 유도하는 것이 가능해진다. 또한 보수의 극우화와 진보의 (상대적) 보수화가 병행되는 상황을 유도하는 것도 가능할 것이다.

지금까지의 논의를 정리하면, 성별, 연령별, 소득·자산 수준별로 나뉘는 다양한 사회적 집단들이 경제성장과 경제적 불평등에 대한 이질적 선호를 보유한다는 전제하에 경제성장 저하 현상이 정치사회적 견해의 양극화를 조장할 수 있음을 확인할 수 있었다. 각 집단은 경제성장의 과실을 나누는 과정에서 각기 다른 지위에 놓여 있었고, 그로 인해 동일한 경험에 대해 다르게 인식하기 마련이다. 따라서 새로이 접하게 된 저성장 환경에서는 이를 극복하는 차원에서 성장과 분배의 대체 관계에 대한 자신들의 입장을 개진하고 이 과정에서 집단 간 입장 차는 확대되는 경향이 있음을 확인한 것이다.

정책당국이 이러한 인과관계를 충분히 고려하여 정책 방향을 설정하는 것은 지극히 당연하다. 저성장이 원인일지라도 이에 성장 정책만으로 대응하는 것은 바람직하지 않다는 의미에서이다. 관련 논의가 이루어지는 과정에서 사회를 구성하는 여러 그룹 간에 당연히 분배와 성장을 한 묶음으로 하는 선택에 대하여 의견 차가 확대되거나 최소한 좁혀지지 않는 상황이 도래할 것이다. 이때 가역성을 전제로 단순 성장 정책을 펼친다면, 설사 그 정책이 이전의 경제성장률을 회복하는 데까지 이를지라도 이전의 상황으로 경제나 사회를 되돌릴 수는 없을 것이다. 왜냐하면 성장률 회복 정책이 시행되기 전 그리고 시행되는 과정에서 악화된 집단 간의 정치사회적 견해의 양극화 및 관련 경험이 각 그룹의 정치 성향을 더 이질적으로 만드는 방향으로 작용할 수 있기 때문이다. 따라서 성장률이 이

전 수준을 회복한다 해도 그때까지의 경험에 영향을 받은 정치 성향이 이전으로 되돌아가지 못할 가능성이 크다.[8]

이런 맥락에서 청년, 청년 남성, 저소득·저자산층, 중간소득·중간자산층과 같이 타 집단과는 다른 정치적 성향을 보이는 집단에 초점을 맞춘 분배 친화적인(최소한 중립적인) 성장 정책을 발굴하는 것이 이들 집단과 타집단 간의 정치적 의사 차이를 줄이는 데 유용할 것이다. 더불어 고소득·고자산 그룹을 제외한 보수 지지층에게 분배 차원에서 소외가 발생하는 맥락을 이해하고, 필요시 이를 해소하기 위한 정책을 시행해야 할 것이다. 이러한 노력이 그 자체로 경제적 불평등을 완화시키는 데 얼마나 도움이 될지는 불확실하지만 적어도 사회적·정치적 양극화 상황을 해소하는 데에는 도움이 될 것이기 때문이다.

---

[8] 이 점은 이 장의 분석에서 고려하지 못한 것이다. 다만 일단 주어진 집단의 정책 선호가 정치사회적 견해의 양극화 현상과 역사적 경험을 통해 보다 이질화될 가능성이 있다. 정치적 의사결정의 결과가 본인이나 본인이 속한 집단이 선호하는 바와 동떨어질수록 정치 의지가 강화되거나 좌절감을 느끼게 되어 좀 더 극단적이 되거나 정치적 무관심층으로 전락하는 모습이 초래될 수 있다.

2부

지속되는

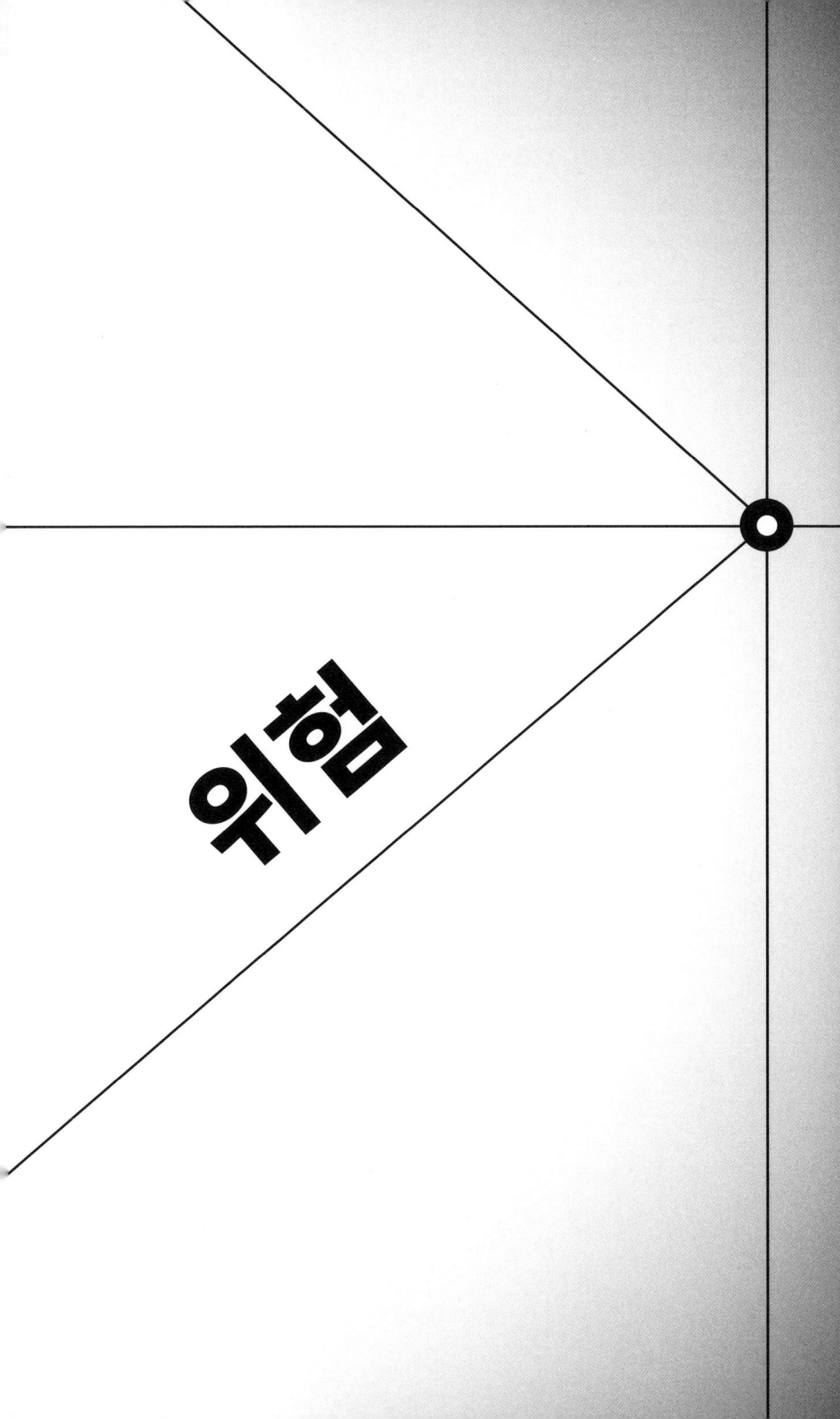

5장 　 직시해야 하는 저성장 시대

주상영 (건국대학교 경제학과)

　한국의 국내총생산GDP은 팬데믹 이전인 2019년부터 2024년까지 5년간 10.4% 증가하였는데, 평균적으로 연간 2% 정도씩 성장한 셈이다. OECD는 2019년 말 펴낸 보고서에서 한국의 2020년 잠재성장률이 2.6%라고 평가한 바 있다. 당시에는 한국은행을 비롯한 유수의 국내 연구기관들도 잠재성장률이 2%대 중반 정도는 된다고 보았다. 잠재성장률이란 노동력과 생산설비 등을 물가를 자극하거나 경기를 과열시키지 않을 정도로 활용해서 얻어내는 성장률이다. 기초체력을 무리하지 않고 적절히 발휘할 때의 성장 속도라고 보면 된다. 그런데 팬데믹의 충격이 다 사라진 2024년 말 OECD는 2025년 한국의 잠재성장률을 2.0%로 평가했다. 불과 5년 만에 0.6%나 하락한 것이다. 이러한 속도로 내려가면 어디까지 떨어질까?

감소하는 인구

우선 인구 문제를 언급하지 않을 수 없다. 인구는 경제성장률보다 예측하기 쉽다. 우리나라의 총인구는 2020년 5,183만 명을 정점으로 조금씩 감소하기 시작했다. 외환위기가 발생했던 1997년에 4,595만 명, 글로벌 금융위기가 발생했던 2008년에 4,905만 명이었으니 위기를 극복하고 재도약에 안간힘을 쓰던 기간에도 인구는 꾸준히 늘어온 것이다. 인구가 증가하면 자연스럽게 경제 규모가 커지고 새로운 사업 기회도 열리면서 역동성이 유지된다. 주택 건설과 같은 대규모 자본형성도 가능하다. 그런데 통계청의 장래 인구추계에 따르면, 우리나라 인구는 2041년쯤 5,000만 명 선이 깨지고 2065년경에는 4,000만 명 선이 무너진다. 인구가 감소하면 새로운 투자 기회가 점차 소멸해간다. 게다가 인구감소는 고령화와 함께 진행되는데, 소소한 개인 서비스에 대한 수요는 증가할 수 있겠으나 주택 건설과 대규모 자본형성은 기대하기 힘들다. 기업인들은 생산설비를 늘리는 투자를 주저하게 된다.

우리나라 외 세계인구가 여전히 증가하고 있어서 수출로 경제활동을 확대할 여지가 없는 것은 아니다. 다만, 세계인구 증가율도 연간 0.2%를 조금 넘는 정도에 불과하고 그마저도 증가세가 둔화해서 과거처럼 늘어나기 불가능한 상황에 놓여 있다. 글로벌 금융위기 이후 경제의 글로벌화 추세가 꺾이기 시작한 데다 팬데믹을 계기로 둔화세가 가속화되어, 경제영토를 확장하면서 역동성을 이어가는 데 어려움이 가중되었다. 게다가 미·중 패권경쟁과 무역 갈등도 쉽게 가라앉지 않을 것이어서, 이로부터 파생되는 정책의 불확실성은 수출 시장 확대에 유리하게 작용할 리 없다. 인구 문제와 교역질서 변화는 미래에 대한 낙관론보다 비관론을 우세하게 만들고 있다. 만약 비관론이 장기화하면 장기 침체에 빠질 가능성마저 배제할 수 없을 것이다.

인구는 시장의 크기고 경제는 인구와 함께 성장한다. 과거 우리의 고도성장은 국내 인구 급증과 함께 진행되었고, 사실 수출 확대도 세계인구의 지속적 증가 덕을 본 것이다. 우리가 본격적으로 경제개발에 시동을 걸었던 1960년대 초, 우리나라 인구는 2,500만 명에 불과했다. 당시 세계인구는 30억 명 정도였고 저성장의 함정을 본격적으로 논의하고 있는 지금 80억 명 정도이니 그간의 성장은 국내외 인구증가를 기반으로 한 것이나 다름없다. 인류 역사상 경제성장이 본격화된 것은 19세기와 20세기의 일로, 19세기 초부터 20세기 초까지 세계경제는 대략 연간 1%, 20세기 초부터 21세기 초까지는 매년 1.5% 정도 성장했다. 사실 18세기 이전까지 세계의 인구증가율은 연평균 0.1%를 넘지 못했고, 그 시기에는 경제성장 속도가 너무 느려서 성장 추세에 대해 뚜렷한 증거를 찾기 어렵다고 한다. 세계인구의 연평균 증가율이 1%를 넘은 건 20세기에 들어선 이후인데, 이는 인구와 경제성장이 오랜 기간에 걸쳐 같은 흐름으로 움직이는 변수라는 사실을 잘 말해준다.

생산가능인구와 핵심노동인구

인구가 감소하면서 생산가능인구도 줄어들고 있다. 국제 기준 생산가능인구는 15세에서 64세까지의 사람들로 2016년에 3,759만 명으로 정점을 찍고 계속 내려오는 중이다. 실제로 우리나라 성장률은 2010년대에 들어서면서 급격히 떨어졌다. 지금까지 이어지는 저성장은 총인구 및 생산가능인구의 감소와 무관하지 않다. 총인구는 2020년에 정점을 찍고 내려오고 생산가능인구는 그보다 더 빠른 속도로 하락하고 있다. 산업화가 한창 진행되던 1970년대 생산가능인구는 2,000만 명 정도였는데, 인구추계에 의하면 머지않은 2040년대에 이르러 다시 그 시절로 되돌아간다. 총인구는 내수시장의 범위를 규정하고, 특히 자영업처럼 주로 내수에 의존하는 경제활동이 위축될 수밖에 없다. 한국 경제는 수출 의존도가 높고 세계시장은 국내 인구 여건의 제약을 덜 받아서 큰 문제는 없을 것이라 생각할 수도 있겠지만, 생산가능인구 감소는 결국 공급 능력을 제약한다. 참고로 일본의 생산가능인구는 1995년 정점을 찍었는데, 그 후 저성장의 늪에서 벗어나지 못했다. 수출 제조업의 경쟁력이 강했음에도 불구하고 인구의 한계를 극복하지 못한 것이다.

생산가능인구가 감소해도 생산성이 충분히 증가하면 인구구조 변화의 역풍을 그럭저럭 헤쳐나갈 수 있다고 주장할 수 있다. 여기서 생산성 자체에 대한 논의는 잠시 미루고, 연령의 범위를 더 좁혀서 핵심노동인구의 감소 문제를 들여다보자. 핵심노동인구 prime age workers는 노동력 공급이 가장 활발하고 생산성도 높은 연령대인

25~54세의 인구로, 국제비교에 종종 사용되는 통계이다. 경제를 잠재력과 역동성의 관점에서 바라볼 때 생산가능인구보다 더 중시할 필요가 있는 개념이다. 학습 능력, 창의력, 도전 의지에다 신체적 능력까지 고려할 때 가장 활발하게 일하는 연령대임에 틀림없다. 고령 국가의 대표 격인 일본의 핵심노동인구는 2001년 정점을 찍었고, 한국의 경우에는 2009년 2,465만 명을 기록한 뒤 내려가기 시작해 지금까지 200만 명이나 감소하였다. 다행히 앞서 고령화가 진행된 OECD 국가들에 비해 핵심노동인구가 전체 인구에서 차지하는 비중은 여전히 높은 편이지만 이마저도 30년쯤 지나면 최하위권으로 밀려나게 된다. 고령화 문제가 상대적으로 덜한 미국의 경우 지난 수십 년간 핵심노동인구의 증가세가 둔화하기는 했어도 일본이나 한국처럼 총량이 줄어드는, 즉 역성장하는 모습을 보이지는 않았다. 핵심노동인구야말로 경제활력을 유지하는 원천인 것이다.

    OECD 국가를 대상으로 한 대부분의 연구는 고령화, 생산가능인구 및 핵심노동인구의 감소가 1인당 GDP 성장을 제약하는 요인으로 작용한다고 분석한다. 고령화는 수요와 공급 측면 모두 경제에 부담으로 작용한다. 일차적으로 내수를 위축시키고, 이차적으로는 양질의 숙련 인력과 지식생산 인력 부족을 가져와 경제 전체에 미치는 부정적 효과를 키운다. 한국에서 핵심노동인구가 총인구에서 차지하는 비중은 2010년에는 50%에 근접할 정도로 높았지만, 이미 43%로 내려갔고 2030년대에는 40% 아래로, 2050년대에는 30% 밑으로 내려가게 된다. 일본의 핵심노동인구 비중은 1970년대에 45% 정도였다가 지속적으로 조금씩 하락하여 현재는 37% 정도를 나타내고 있다. 문제는 한국의 하강 속도가 너무 빠르고 심지어 일본보다도 훨씬 빠르다는 점이다. 우리의 잠재성장률이 빠르게 하락하는 원인으로, 총인구가 감소하는 가운데 생산가능인구와 핵심노동인구가 빠르게 줄어드는 구조 문제를 제일 먼저 언급할 수밖에 없다.

노동생산성

인구가 줄더라도 산술적으로는 노동생산성이 빠르게 올라가면 성장을 높게 유지할 수 있다. 1인당 소득이란 결국 1인당 생산성인데, 인구감소율보다 1인당 생산성이 더 빠른 속도로 증가하면 경제는 전체적으로 계속 성장할 것이다. 사실 인구가 감소하는 가운데 2%의 성장을 유지한다는 것은 1인당 소득성장률이 2%를 넘는다는 것을 의미한다. 따라서 우리의 잠재성장률이 2%까지 낮아졌지만, 2%라도 잘 유지한다면 1인당 국민소득은 매년 2% 넘게 증가하게 된다. 우리는 잠재성장률의 추가 하락을 걱정하지만, 사실 선진국 가운데 1인당 소득이 매년 꾸준하게 2% 넘게 성장하는 국가는 드물다. 지난 10여 년의 자료를 보면 유럽 국가들과 일본에서 성장률이 1%를 넘기지 못하는 경우가 흔하고, 선진국 가운데 홀로 견조한 성장세를 이어가는 국가인 미국도 1인당 평균 성장률은 1%대 중후반 정도이다.

그러면 현재 노동생산성 증가율은 어느 정도일까? 우리는 성장이 부진할 때 그 원인에 대해 늘 생산성 둔화 문제를 제기하곤 한다. 그러면서 미국이나 독일과 같은 나라와의 노동생산성 격차를 언급하는데, 사실 생산성 수준 자체를 국가 간 비교하는 것은 큰 의미가 없다. 그것은 이미 어쩔 수 없이 존재하는 1인당 소득 또는 생산가능인구당 소득의 차이를 비교하는 것이나 마찬가지이기 때문이다. 생산성 격차를 지목하는 것은 성장 부진의 원인이 미국이나 독일보다 1인당 소득이 낮기 때문이라고 말하는, 일종의 동어반복인 셈이다. 중요한 변수는 생산성이 증가하는 속도, 즉 생산성 증가율이다.

언제나 생산성 탓을 하지만, 나의 계산에 의하면 우리나라의 노동생산성 증가율은 적어도 지금까지는 꽤 높게 유지되고 있는 편이다. 노동생산성은 생산에 투입된 인원 또는 투입 시간을 기준으로 작성하는데, 전반적으로 생산성이 하락하는 추세에 놓여 있긴 하지만 취업자 수 기준으로는 대략 연간 1%대 중반, 노동 시간 기준으로는 연간 2%대 중반 정도를 나타내고 있다. 이 정도면 다른 국가와 비교해 결코 낮은 게 아니다. 미국의 경우 두 가지 기준의 생산성 증가율 모두 1%대 중반 정도이고 일본은 최근 들어 1% 밑으로 내려간 상태이다. 독일도 1% 내외로 생각보다 높지 않다. 일본 경제는 2013년 아베노믹스 도입 이후 다소 회복되기도 했지만, 생산성 증가율 하락 추세를 반전시키지는 못했다. 양적완화정책으로 고용이 회복세를 보이기는 했어도 생산성 제고에 성공하지 못한 것이다. 지난 50여 년간 미국과 일본의 노동생산성 변화 양상을 비교할 때 흥미로운 점은, 일본의 경우에는 1970년대 매우 높은 수준에서 최근의 낮아진 수준까지 시종일관 하락 추세를 이어왔지만, 미국은 그렇지 않다는 점이다. 미국의 생산성 증가율은 오르내림을 반복하면서 어느 정도 범위를 유지하는 특성을 보인다. 1970년대에 저조하다가 1990년대에는 크게 상승하고, 2000년대 들어 다시 후퇴하는 모습을 보이다 2010년대 중반부터는 하락을 멈추고 회복세를 이어가는 중이다.

잠재성장률 추정에 최소한으로 필요한 지난 10여 년의 자료를 놓고 볼 때, 우리나라의 노동생산성 증가율은 일본보다 월등히 높고 미국에 비해서는 다소 높은 편이라고 평가할 수 있다. 따라서 생산성 탓만 할 필요는 없는데, 문제는 역시 인구구조 변화의 역풍이다. 앞서 언급한 대로 생산가능인구와 핵심노동인구의 급격한 감소는 아주 심각한 문제이다. 내가 핵심노동인구와 생산성 간의 상관관계를 조사해본 바에 의하면 한국과 일본 모두에서 두 변수가 매우 강한 상관관계를 맺고 있는 것으로 나오는데, 앞으로도 이러한 경향이 이어진다면 우리는 미국보다 일본을 따라갈 가능성이 크다. 사실 일본도 여성과 고령층의 경제활동 참가율 제고로 생산성 저하를 일부 상쇄했기 때문에 최악을 피해갈 수 있었다. 그러나 경제활동 참가율을 높여도 일하는 사람의 수가 느는 데에는 한계가 있고, 또 생산성도 결국 고령화의 부정적 영향을 받을 수밖에 없어서 성장률이 하락하는 추세를 근본적으로 바꾸기는 어려울 것 같다. 물론 여성과 고령층 고용이 꾸준히 늘고 생산성 증가율도 나쁜 편은 아니어서 앞으로 몇 년간 평균 2%나 1%대 후반의 성장을 이어갈 수 있다고 해도, 그 이상으로 올리기는 쉽지 않을 것이다.

나의 계산에 의하면 우리 경제는 지금 막 잠재성장률이 2%에서 1%대로 내려가는 지점을 통과하는 중이다. 그리고 점점 더 내려가서 10년 내에 1%에 도달한다. 취업자 수, 노동 시간, 노동생산성 추세를 분석하고 각 변수의 미래값으로 비교적 긍정적 가정에 따른 수치를 대입하더라도 2030년대 중반부터는 성장률이 1% 밑으로 내려가는 모습이 그려진다.

잠재성장률 전망

잠재성장률을 추정하는 방법은 다양하다. 지금까지는 인구, 고용, 노동생산성 중심으로 대략적인 그림을 그렸지만, 경제학자들이 흔히 사용하는 방법은 소위 생산함수 접근법이다. 생산에 투입되는 노동의 양뿐만 아니라 생산설비, 즉 실물자본physical capital의 양을 추가하여 잠재성장률을 계산한다. 같은 양의 노동을 투입하더라도 함께 투입하는 생산설비의 양이 늘어나면 효율성이 올라가서 더 많은 산출을 만들어낼 수 있다. 즉 자본이 증가하면 노동의 생산성이 올라가므로 측정만 제대로 할 수 있으면 자본의 사용량도 같이 넣어서 잠재성장률을 계산하는 게 낫다. 그렇다면 설비투자를 넉넉히 해서 줄어드는 노동력을 보충하면 되지 않을까? 그래서 노동의 생산성을 계속 높여나가면 2% 이상 성장할 수 있지 않은가? 그런데 이러한 방법으로 잠재성장률을 추정한 한국은행의 최근 자료에서

연도	성장률	노동 투입 기여	자본 투입 기여	양적 투입 기여	기타 효과
2001~2005	5.0	0.7	2.2	2.9	2.1
2006~2010	4.1	0.5	1.9	2.4	1.7
2011~2015	3.5	0.6	1.6	2.4	1.2
2016~2020	2.6	-0.4	1.6	1.4	1.5
2021~2023	2.1	0.1	1.4	1.5	0.7
2025~2029	1.8	0.2	1.1	1.3	0.6
2030~2034	1.3	-0.2	1.0	0.8	0.5
2035~2039	1.1	-0.2	0.9	0.7	0.4
2040~2044	0.7	-0.4	0.7	0.5	0.4
2045~2049	0.6	-0.4	0.7	0.3	0.3

표 5-1 2001-2049년 한국의 성장률(%)과 요인별 기여도(%p).
출처: 이은경 외, 〈우리 경제의 잠재성장률과 향후 전망〉, BOK 이슈노트 2024-33호, 한국은행, 2024. (수치는 연간 변화율의 평균이며, 표는 저자가 재구성함)

도 밝은 전망을 찾기 어렵다.

표 5-1에는 지난 2001년부터 2023년까지의 실제 성장률과 2025년 이후의 잠재성장률 전망치가 제시되어 있다. 우리의 잠재성장률은 당분간 1%대 후반을 유지하다가 2030년대에 이르면 1%대 초반으로, 2040년대에 이르면 0%대 중반으로 내려간다. 눈에 띄는 수치는 역시 노동의 기여도인데, 2030년대부터 마이너스를 기록할 예정이다. 여성과 고령층을 중심으로 경제활동 참가가 꾸준히 늘고, 또 생산성 높은 고학력자 비중도 높아지고 있어 성장을 지탱하는 데 보탬을 주고 있지만, 그 효과도 인구 자체의 급격한 감소를

상쇄할 정도로 크지 않을 것이라는 점을 보여준다. 표 5-1에 따르면 자본 투입 기여도 역시 서서히 감소한다. 사실 생산가능인구와 핵심노동인구의 정체와 감소에도 불구하고 2010년대 이후 한국 경제가 평균 2% 중후반대의 성장세를 유지할 수 있었던 배경에는 높은 투자율이 있었다. 다른 선진국에 비하면 아직도 GDP에서 투자가 차지하는 비율이 상당히 높은 편이어서(30% 내외) 자본이 성장에 기여할 여지는 여전히 크다고 할 수 있다. 다만, 투자는 미래 수요에 대응하여 늘어나는 속성이 있어서 전반적으로 성장세가 둔화하면 그와 함께 위축될 수밖에 없다. 만약 수출이 큰 폭으로 확대되면 그에 상응하여 투자가 활성화되겠지만 과거처럼 높은 성장세를 유지하기는 어려울 것이다. 그런데 나는 표 5-1에 나온 자본 투입 기여도가 다소 낙관적인 전망에 기초하고 있다고 생각한다. 과거 우리 경제는 생산이 증가하는 속도보다 자본이 증가하는 속도가 훨씬 빨랐지만, 앞으로도 그렇게 진행될 가능성은 크지 않아 보이기 때문이다. 우리보다 먼저 선진국에 들어선 국가들을 보면 어느 단계까지는 자본량이 생산량에 비해 빠르게 증가하지만, 점차 둘 간의 증가 속도 차가 줄어들면서 비슷해지는 경향을 보였다. 우리만 특별히 다른 경로를 밟을 것 같지는 않다. 따라서 자본 투입 기여도를 다소 낮춰 잡으면 미래 성장률은 조금 더 낮아지게 될 것이다.

 표 5-1에서는 잠재성장률을 분해하면서 노동 투입 기여도와 자본 투입 기여도를 합쳐 양적 투입 기여도라는 이름을 붙였다. 2010년대 중반까지만 해도 양적 투입으로 2% 넘는 성장을 유지할 수 있

었으나 불과 5년 후인 2030년대에 이르면 양적 투입만으로는 성장률 1%를 넘기지 못한다는 것을 알 수 있다. 양적 투입의 기여도는 점점 줄어들 수밖에 없는데, 역시 인구의 급격한 감소가 그렇게 만드는 주요인이라고 생각한다. 인구감소의 역풍을 막아낼 방법은 없을까? 혹시 인구감소가 도리어 자본축적을 촉진하지는 않을까? 아무래도 그럴 것 같지는 않다. 가령 노동력 부족에 대응하여 인공지능에 대한 투자를 대폭 늘린다고 해도 그 외 투자는 상대적으로 줄어들 것 아닌가. 인구감소 시기에 유독 자본축적만 활성화될 거라고 기대할 뚜렷한 근거는 없다.

표 5-1의 마지막 칸에는 양적 투입으로 설명되지 않는 부분을 기타 효과로 처리했다. 여기서 기타 효과는 성장 요인 가운데 노동의 투입량과 자본의 투입량처럼 수치로 측정해서 표시할 수 있는 부분을 제외한 나머지를 가리키는데, 경제학자들은 여기에 총요소생산성이라는 학술적 명칭을 부여했다. 노동과 자본을 잘 결합해서 얻어낼 수 있는 생산 효율성의 정도를 숫자로 측정하기 위해 총요소생산성이라는 어려운 이름을 붙인 것인데, 개별 요소의 생산성과 구분하기 위한 용어라고 보면 된다. 총요소생산성에는 노동생산성과 자본생산성이 포함되어 있으며, 노동과 자본을 결합하는 기술이나 경영 기법 등 수많은 요인의 기여도가 뒤섞여 있다. 따라서 이 숫자를 사전에 예측하기는 매우 어렵다. 표 5-1의 전망에서는 앞으로 총요소생산성 증가율이 0.5% 내외 수준으로 내려가게 되어 있다. 내가 주요 선진국들의 과거 사례를 조사한 바에 따르면 장기 평

균으로 이 숫자가 1%를 넘는 국가는 없으며, 대체로 0%에서 1% 사이를 오르내리고 있고, 독일이나 일본과 같은 제조업 강국에서나 조금 높게 나오는 정도였다. 아무리 보아도 2030년대에 들어서면 성장률이 2%를 넘을 수 없을 것 같다. 노동과 자본을 합한 양적 투입의 기여도가 1%포인트를 넘지 못하는 데다 기타 효과인 총요소생산성의 기여도도 1%포인트를 넘지 못할 것이기 때문이다.

가장 최근의 KDI 전망보고서(2025년 5월)는 한국은행보다 장래를 더 어둡게 보고 있다. 당장 올해부터 2030년까지 6년 동안 평균적인 연간 성장률이 1.5%, 2030년대는 0.7%, 2040년대는 0.1%이다. 특히 2030년대에 들어서면 양적 투입의 기여도가 0%포인트에 가깝게 내려가고 2040년대에는 마이너스로 전환한다. 2030년대 중반 이후, 즉 10년 후부터는 양적 투입에 의한 성장은 종료되고 오로지 생산성에만 의존하게 된다. 한국은행과 KDI 모두 2050년대 이후를 전망하지는 않았지만, 추세를 거스르지 못하면 그때부터는 마이너스 성장 사회에 돌입하게 된다.

불확실한 미래

아무래도 불편한 진실일 텐데, 잠재성장률의 하락 추세를 되돌리기는 어려울 것 같다. 이미 10여 년 전부터 경제학자들은 위에서 소개한 방법론으로 잠재성장률 하락을 예고해왔고, 비관론과 상대적 낙관론 간에 다소 차이는 있었으나 당시 제시했던 숫자들과 그 후 실제로 경험한 숫자들이 크게 다르지 않았다. 그사이 예상보다 대외 여건이 나빠져서 성장 경로가 다소 하향 수정되었지만, 내부적으로는 여성과 고령층의 경제활동 참가가 예상보다 높아져서 급격한 성장 하락을 부분적이나마 상쇄하였다. 새로운 기술-산업 패러다임이 등장하거나 정부가 확고한 투자 비전을 제시함으로써 기업의 투자 분위기를 바꿀 수도 있다. 고용률이 올라간 점은 다행이고, 또 아직은 노동생산성 증가 속도가 다른 국가에 뒤처지는 편은 아니어서 성장 추락에 대비할 시간이 남아 있는 점은 긍정적이라 할 수 있다.

끝으로 잠재성장률 중심의 미래 전망이 갖는 한계에 대해 간략히 언급하고자 한다. 잠재성장률 추정은 생산, 즉 공급 측면만을 고려한 분석으로, 이는 생산물이 소비와 투자 또는 수출로 완전히 수요되는 것을 암묵적으로 전제한 것이다. 실제로 수요와 공급은 서로 분리되지 않고 상호작용한다. 미래 수요 예측은 너무 어려운 일이라 이 글에서는 수요 문제를 부각하지 않았는데, 수요의 부족은 잠재성장률에 추가적인 하방 압력을 가할 수 있다. 정치적으로 불안정하거나 정부의 총수요관리 능력이 부족하면 경제가 빈번하게 침체에 빠지고 자본형성의 필요성과 혁신의 유인이 사라지게 된다. 수요 부족이 장기화하면 공급 부족과 생산성 저하로 이어질 수 있는 만큼, 적절하게 총수요를 관리하고 정치·경제적 불확실성을 최소화하도록 노력하여 잠재성장률을 유지해야 한다.

6장 쌍둥이 위험, 보호주의와 극우 포퓰리즘

박복영 (경희대학교 국제대학원)

우리는 지금 격변의 시기를 통과하고 있다. 2024년의 겨울과 2025년의 봄은 실로 숨가쁜 시간이었다. 나라 안에서 지난해 겨울은 윤석열 대통령의 터무니없는 비상계엄 선포로 시작되었고, 올해 봄은 나라 밖 미국 트럼프 대통령의 관세 전쟁 선포로 시작되었다. 계엄 선포와 대통령 탄핵에 대한 저항을 보면서, 한국 민주주의가 당연한 것이 아니라 사라질 수도 있는 것임을 깨닫게 되었다. 트럼프가 시작한 관세 전쟁 역시 마찬가지이다. 당연하다고 생각했던 자유무역 질서가 붕괴하는 것을 목격하게 되었다. 트럼프 정부는 하루아침에 전 세계를 상대로 고율의 관세를 부과하겠다고 발표했다. 더구나 관세율은 20%부터 심지어 140%까지로 상상을 뛰어넘는 높은 수준이었다. 지난 80여 년 동안 세계는 세계무역기구WTO를 통해 관세와 무역장벽을 낮추고 그것도 부족해 여러 자유무역협정 FTA을 통해 개방된 글로벌 경제질서를 만들어왔다. 이런 환경은 우리 경제 고성장의 중요한 배경이 되었다. 트럼프발發 관세 전쟁으로 이런 개방적이고 통합적인 글로벌 경제질서가 보호주의적이고 분열적인 질서로 반전되고 있음을 확인했다. 우리 경제의 안정과 성장을 뒷받침했던 두 개의 기둥, 즉 민주주의와 개방적 글로벌 질서 모두가 지금 흔들리고 있다.

민주주의 위기는 비단 우리만의 문제가 아니라 여러 나라에서 발견되는 광범한 현상이다. 이 글은 앞에서 말한 두 가지 변화를 세계적 범위에서 살펴보고 서로가 어떻게 연결되어 있는지 설명하고자 한다. 내부적으로 민주주의 위기를 초래하는 원인과 외부적으로 보호주의를 부추기는 요인이 같은 뿌리를 갖고 있음을 밝힐 것이다. 결론부터 말하자면 세계화로 인해 심화한 경제 불평등과 주변화된 계층의 확대가 이 두 가지 결과를 낳고 있다. 그러므로 이 문제를 해결하는 것이 결국 민주주의를 지키는 길이다. 경제의 역동성과 동시에 포용성을 유지하는 것이 민주주의 위기를 막는 길이다. 경제가 활력을 잃고 계층 간 불평등이 심해지면 민주주의가 위태로워질 가능성도 증가한다. 1930년대 대공황 시기에 나치즘과 파시즘이 등장한 것이 좋은 예이다.

자신이 만들었던 질서를 해체하는 미국

2025년 1월 20일 트럼프는 다시 미국 대통령에 당선되었다. 대

중 선동으로 의회 난입을 유도하고 여러 수단으로 선거 결과를 뒤집으려 했다는 혐의로 기소되었던 사람이 민주주의의 본고장인 미국에서 다시 당선된 것은 놀라운 일이었다. 하지만 불과 며칠 후 더 놀라운 일이 벌어졌다. 2월 1일 그는 중국에 대해서는 20%, 멕시코와 캐나다에 대해서는 25%의 보편관세를 부과하겠다고 발표했다. 그는 선거 기간 동안 자신을 "관세 맨tariff man"이라 부르며 "관세가 사전에서 가장 아름다운 단어"라고 말하기는 했지만, 이렇게 높은 관세를 그것도 우방이라 여겨졌던 캐나다와 멕시코에까지 부과할 것이라고 예상한 사람은 거의 없었다. 하지만 이것은 시작에 불과했다. 전 세계의 철강과 알루미늄, 자동차에 대해 25%의 품목관세를 도입했다. 그리고 4월 초에는 거의 모든 나라에 10% 내지 50%에 이르는 상호관세를 부과하겠다고 발표했다. 이런 미국의 도발에 일부 국가가 보복관세를 부과하면서 관세 전쟁 양상이 펼쳐졌다. 미국의 대중국 관세율은 145%까지 치솟았고, 중국의 대미국 관세율은 125%에 이르렀다. 이것은 G2 사이에 무역을 단절하겠다는 선언이나 마찬가지였다. 보호주의를 넘어 세계경제가 쪼개질 위기에 이르렀다.

2차대전이 끝나기 직전 1944년 미국 뉴햄프셔주 브레튼우즈에 모인 44개국 대표는 보호무역을 폐지하고, 관세율 인하를 통해 무역을 자유화하기로 합의했다. 이 합의를 이끈 나라는 물론 미국이었고, 그 후 수십 년간 미국은 전 세계를 상대로 관세 인하 등 무역 자유화를 독려했다. 무역뿐 아니라 자본의 이동, 사람의 이동 그리고 디지털 정보의 이동이 점점 자유로워지는 세계화가 진행되었다. 국가 간 장벽과 차이는 사라져 세상은 평평해지고, 국경은 실질적 의미를 상실할 것으로 많은 사람이 예측했다. 유럽연합^{EU}의 탄생은 국경 소멸이 현실이 되고 있음을 증명했다. 이런 세계화는 일부 국가에는 산업 쇠퇴와 금융위기를 초래했지만, 많은 나라에는 새로운 성장 기회를 제공했다. 1960년대 독일과 일본, 그 후 한국과 대만, 더 최근에는 중국, 베트남, 인도 등이 이런 세계화의 최대 수혜자가 되었다.

이제 무역 자유화를 이끌었던 미국 스스로 이 질서를 해체하고 있다. 그런데 이런 세계화의 역전은 트럼프 2기 정부가 등장하기 전부터 시작되었다. 트럼프는 첫 집권기인 2018년에 이미 중국과 관세 전쟁을 벌였는데, 2기에는 그 전선을 세계로 확대했을 뿐이다. 세계화의 역전을 더 일찍 보여준 것은 2016년 영국의 브렉시트^{Brexit} 결정이었다. EU 가입에 대해 회의적인 영국 국민이 증가하자 보수당의 캐머런 총리는 국민투표를 통해 EU 가입에 대한 정당성을 확보하고자 했다. 하지만 투표 결과 예상과 반대로 EU 탈퇴 찬성 비율이 더 높았다. 영국처럼 실제로 탈퇴하지는 않았지만, 그리스를 비롯한 몇몇 남유럽 나라에서도 EU 탈퇴를 요구하는 여론이 높아졌다. 이런 일련의 정치적 과정을 되짚어 보면 2010년 전후에 이미 세계화의 후퇴가 시작되었다. 경제지표도 이를 뒷받침한다. 세계화 정도를 측정하는 대표적 지표인 세계 GDP 대비 무역액 비중은 1970년대 25%에서 꾸준히 상승하여 2011년 60%에 이르렀다. 하지만 최근 10여 년간 이 값은 정체 혹은 하락 추세를 보인다.

개방적 글로벌 경제질서는 왜 해체되고 있을까? 이 질서의 구축에 앞장서 왔던 미국이나 영국이 왜 해체를 주도하고 있을까? 여러 이유가 복합적으로 작용하고 있는데 중국의 경제적 추격이 중요한 요인 중 하나이다. 1990년대 시장경제 도입과 2000년 WTO 가입 이후 중국은 고속 성장을 달성했다. 특히 시진핑 집권 이후 중국 경제는 양적 팽창을 넘어 기술개발과 디지털 분야 혁신으로 여러 분야에서 미국을 위협하기 시작했다. 미국은 개방적 무역환경 그리고 기술, 자본, 인력의 자유로운 교류 덕분에 중국이 이런 추격을 할 수 있었다고 판단했다. 더욱이 중국의 사회주의 시장경제가 갖는 고유한 특징, 즉 국영기업 제도와 기업에 대한 정부 지원 및 보호가 추격을 가속화했다고 판단했다. 민간기업과 정부가 분리된 제도를 가진 미국이 사회주의적 경제 제도를 가진 중국과 경쟁하는 것은 불공정하다고 생각했다.

처음에 미국은 중국과의 협의를 통해, 때로는 WTO 같은 국제기구를 통해 이런 불공정 경쟁을 해소해보려 했지만, 중국의 추격은 더욱 빨라졌다. 결국 2017년 출범한 트럼프 정부는 기존의 무역질서, 나아가 글로벌 경제질서 자체를 변화시키고자 했다. "미국은 '자유무역free trade'이 아니라 '공정한 무역fair trade'을 원한다"는 트럼프의 발언이 이런 생각을 집약하고 있었다. 중국산 수입품에 대한 관세 인상은 하나의 수단에 불과했다. 기술 유출 우려가 있거나 중국의 기술개발을 촉진할 수 있는 제품의 대중국 수출을 제한했다.

기술 유출 우려가 있거나 미국의 안보를 해칠 수 있는 중국의 미국 내 투자나 기업 인수도 금지했다. 중국은 무역 대상국이지만, 동시에 이제 미국 안보를 위협하는 잠재적 적성국이 되었다.

2021년 미국 행정부는 바이든의 민주당으로 교체되었지만 이런 대중국 정책은 크게 변하지 않았다. 전략적 혹은 지정학적 대립 관계는 더욱 격화되었다. 바이든 정부는 자유와 인권의 가치를 공유하는 동맹국과 협력해 중국을 포위하는 전략을 구사하며 동맹국에 동참을 요구했다. 코로나 팬데믹의 경제적 충격과 우크라이나 전쟁은 이런 움직임을 더욱 가속했다. 팬데믹으로 인해 글로벌 공급망이 극단적으로 단절되면서, 미국은 의료장비, 반도체 등 핵심 제조품의 심각한 부족과 높은 인플레이션을 경험했다. 그 결과 주요 제조품의 공급망 안정과 이를 위한 국내 생산이 곧 국가안보와 직결된다고 생각했다. 소위 경제안보 economic security라고 불리는 것인데, 이를 위해 미국은 국내 생산 촉진과 경쟁국과의 기술 격차 유지를 위해 무역장벽을 높이고 대규모 기업 보조금을 지급하기 시작했다.

자유무역의 선도자였던 미국의 이런 변화는 다른 나라에 곧바로 영향을 미쳤다. 경제에 국가안보의 개념이 접목되자 교역 중 안보와 연결되는 부문과 그렇지 않은 부문 사이의 경계는 희미해졌다. 중국에 철강 수입을 의존하는 것도 안보 위협으로 인식될 수 있기 때문에, 안보를 명목으로 한 보호주의의 범위는 얼마든 확장될 수 있었다. 이런 보호주의는 상대국의 대응과 보복을 유발할 수밖에 없어 다른 나라로 확산하고 전염되었다. 반도체를 핵연료와 유사하게 무기의 일부로 간주하면서, 미국 정부는 반도체 생산 유치를 위해 천문학적 규모의 보조금을 약속했다. 국가 사이에 보조금 경쟁이 시작되었고, 전략산업에서 기술 우위를 차지하기 위한 기업 지원, 즉 산업지원정책industrial policy이 세계 전역에서 부활했다. 이런 산업지원정책은 역사적으로 후발국의 정책 수단이었지만, 지금은 미국과 일본, 서유럽 국가 등 선진국에서 훨씬 활발히 사용되고 있다. 이들은 신흥시장이나 개도국과 비교해 정부의 재원조달 능력이 훨씬 뛰어나기 때문에 지원 규모도 엄청나다. IMF의 분석에 따르면 최근 전 세계 산업지원정책의 약 3/4이 선진국에서 이루어졌다.

  2차대전 직후 형성되었고 80여 년간 지속되었던 자유무역 질서는 이제 해체의 길로 들어섰다. 그리고 자본, 기술, 인력의 자유로운 이동을 촉진하고자 했던 정책은 정반대의 방향으로 가고 있다. 소멸할 것이라고 했던 국경은 오히려 더욱 선명해지면서 무엇이든 그 경계를 넘기가 더욱 어려워지고 있다. 국가는 시장의 규칙만 정하고 기업 사이의 자율 경쟁을 통해 기술 발전을 유도한다는 자유시장의 원리는 점점 힘을 잃고 있다. 정부와 기업 사이의 거리는 더욱 줄어들고, 때로는 기업이 국가 간 경쟁의 주체로 인식되기도 한다. 국가 간 교역이 상호이익을 낳는다는 생각은 점점 신뢰를 잃고, 각국은 세계적으로 보면 제로섬일 수밖에 없는 무역수지 개선에 경쟁적으로 나서고 있다. 얼마 전까지만 해도 무역이나 투자를 통한 경제적 상호의존이 전쟁을 억제하고 평화를 가져올 것으로 생각했다. 하지만 지금은 상호의존이 반대로 무기로 이용되고 있다. 상대국과의 교역을 불시에 차단함으로써 상대국 경제 전체를 교란하는 일이 잦아지고 있다. 이처럼 세계는 지금 불안정하고 불확실한 새로운 시대로 향하고 있다.

민주주의를 위협하는 극우 세력의 확산

그런데 중국의 도전과 미국의 응전은 거대한 변화를 가져온 원인의 한쪽 이야기일 뿐이다. 이야기의 다른 한 부분은 국가 내부에 있다. 내부의 사정을 짧게 요약하면, 여러 나라에서 세계화로 인한 경제구조 변화를 기존의 사회 제도로는 더 이상 수용하기 어렵게 되었다. 특히 세계화로 인해 피해를 입고 사회경제적으로 주변화된 유권자들의 정치적 압력을 정치권도 버텨내지 못하게 되었다. 글로벌 경제질서를 변화시키는 동력은 결국 그 질서를 좌우하는 강대국의 국내 정치다. 트럼프의 대통령 당선을 가능하게 한 결정적 지역은 미국의 소위 러스트 벨트 지역이었다. 과거 철강, 자동차 등 전통 제조업 중심지였으나 세계화의 결과 산업 쇠퇴의 피해가 가장 컸던 지역이다. 2024년 선거에서 트럼프는 오하이오는 물론, 미시간, 펜실베이니아, 위스콘신주에서 승리한 덕분에 당선될 수 있었다. 이 쇠락한 지역의 주민들은 오랫동안 실직과 소득 감소 상태에 있었고, 정서적 박탈감과 공동체의 해체가 지속되면서 정치적으로 보수화되었다. 그리고 미국 민주당이 내세운 다양성, 형평, 포용과 같은 '정치적 올바름political correctness'보다는, 트럼프가 내세운 애국주의, 지성에 대한 조롱, 인종주의와 같은 포퓰리즘 구호에 더 끌렸다. 트럼프는 자신이야말로 그 분노를 이해하고 또 해소할 수 있다며 그들에게 다가갔다. 그가 부통령 후보로 지명한 밴스J. D. Vance는 오하이오주 출신 백인으로, 자전적 소설을 통해 러스트 벨트 가정의 파괴와 좌절을 세상에 알린 사람이었다. 그의 지명은 러스트 벨트 유권자의 지지를 끌어내기 위한 전략적 선택이었고 그 전략은 결국 성공했다. 이렇게 당선된 트럼프는 러스트 벨트의 요구에 부응할 수밖에 없었다. 이 지역 일자리를 지키기 위해 수입품에 높은 관세를 부과하기로 한 것이다. 당장은 그들의 분노를 잠재우는 것이 급하기 때문에, 관세가 실제로 일자리를 다시 만들어낼 수 있는가는 중요하지 않다.

그 앞의 바이든 정부 역시 세계화로 주변화된 이 지역 유권자의 분노에 대응하려 노력했다. 전통적으로 이 지역은 박빙의 선거에서 승리를 결정하는 경합주swing state였기 때문에 공화당이든 민주당이든 소홀히 할 수 없었다. 다만 당선 후 바이든의 해법은 트럼프와 달랐다. 트럼프의 무기가 관세라면 바이든의 무기는 보조금이었다. 기업에 대한 막대한 보조금 지급으로 투자 유치와 일자리 창출을 시도했다. 그리고 중국이 더 이상 미국인의 일자리를 위협하지 못하도록 유럽, 한국, 일본 등 동맹국과 협력해서 중국의 성장을 억제하겠다고 밝혔다. 소위 '가치 외교' 전략이었고 윤석열 정부는 앞장서 이에 호응했다.

영국의 브렉시트도 같은 배경에서 발생했다. 브렉시트를 찬성한 지역은 맨체스터, 리버풀, 선덜랜드 같은 중부 및 북부 잉글랜드 그리고 웨일스 지역이었다. 레드 월red wall로 불리는 이 지역은 과거 자동차, 조선 등 제조업 중심지였으나 산업 쇠퇴로 오랫동안 실업과 사회적 불만 그리고 소외감이 누적된 곳이었다. 이런 경제적 좌절과 소외는 쉽게 외국인 차별과 국수주의 같은 보수적 정치 성향과 결합했다.

이런 사정은 영국에 국한된 것이 아니라 서부와 중부 대부분의 유럽 국가에서도 마찬가지였다. 경제적으로나 사회적으로 취약한 이들은 EU 확대에 따른 동유럽 인구의 유입, 특히 2011년 시리아 내전 이후 급증한 난민이 자신의 일자리와 소득을 위협하고 있다고 생각했다. 이는 애국주의와 폐쇄주의에 대한 지지로 이어졌고, 국내 정치권도 정책을 전환할 수밖에 없었다. 2008년 글로벌 금융위기, 그 뒤 시작되어 4~5년간 유럽을 괴롭힌 재정위기, 그리고 2015년 이후의 대규모 난민 유입은 결국 유럽 대부분 국가에서 차이에 대한 수용, 약자에 대한 포용에 필요한 여유를 점점 고갈시켰다. 이는 이방인에 대한 배제와 차별로 이어졌고, 더 나아가 포용을 강조하는 진보 정당에 대한 혐오로 발전했다. 이런 대중의 정서는 지난 10여 년 동안 극우 민족주의 정치세력이 빠르게 팽창할 수 있었던 배경이 되었다. 이주 인구 비중이 꾸준히 증가하고, 이슬람 극단주의자에 의한 테러 사건이 연이어 발생하면서 더 많은 대중이 극우 포퓰리즘에 끌리게 되었다.

프랑스의 국민전선RN, 이탈리아의 이탈리아 형제당Fdl, 독일의 독일을 위한 대안^AfD, 오스트리아의 자유당^FPÖ, 네덜란드의 자유당 PVV이 대표적으로 극우 성향을 보이는 정당들이다. 이 정당들은 몇 년 사이 지지율을 크게 높였는데, 여러 나라에서 이들이 민주주의를 위협하고 있다. 이 정당들은 더는 소수 정당이 아니다. 프랑스, 이탈리아, 오스트리아에서는 득표율 1위를 기록하였고 독일에서는 AfD가 유럽의회 선거에서 두 번째로 높은 득표율을 기록했다. 이탈리아에서는 집권에 성공했으며 다른 나라에서도 연립정부에 참여할 가능성이 커지고 있다. 이런 극우 정당의 급성장 사례는 브라질, 헝가리, 아르헨티나 같은 신흥시장에서도 쉽게 찾아볼 수 있다. 영국 경제주간지 〈이코노미스트〉 등의 집계에 따르면, 유럽 극우 정당의 득표율은 2010년만 하더라도 5% 남짓에 불과했지만 2025년에는 24%로 증가했다. 이 비율은 나치즘과 파시즘의 공포가 지배한 1930년대 후반과 비슷하거나 오히려 그때보다도 더 높은 수준이다.

포용과 상호 인정 대신에 차별과 배제, 혐오를 부추기는 극우 정치세력이 세계 여러 곳에서 민주주의를 위협하고 있다. 냉전 질서가 붕괴한 1990년대 이후 약 20년간이 세계적으로 민주주의가 확대되는 시기였다면, 2010년 이후 지금까지는 민주주의가 위축되고 위협받는 시대가 되었다. 결국 세계화를 역전시키고 개방적 글로벌 경제질서가 해체되고 있는 것, 그리고 극우 정치세력의 급성장으로 민주주의가 위태로워지고 있는 것은 같은 뿌리에서 비롯된 것이다. 즉 세계화가 초래한 불평등을 제대로 해결하지 못하고, 피해자를 경제적으로나 사회적으로 포용하지 못한 채 장기간 주변화된 지위에 머물도록 방치한 결과이다. 국가가 그 지역에 역동성을 불어넣지 못했으며, 그 주민들에게 세계화가 가져온 경제적 혜택을 주지 못했기 때문이다. 세계화가 사회 전체의 경제적 편익을 늘린다고 하더라도, 많은 국민이 그 성과를 누리지 못한 채 낙오자로 남게 된다면 결국 사회의 분열과 민주주의의 위기가 초래될 수 있음을 지금 여러 나라의 사례가 보여주고 있다.

민주주의를 지키려면 어떻게 해야 하나?

지난 겨울 계엄을 선포한 대통령 윤석열을 탄핵하는 과정에서, 탄핵 반대 세력들이 결집하여 법치주의와 헌정 질서를 부정하는 행위를 보면서 우리 민주주의도 매우 위태로울 수 있음을 알게 되었다. 다수의 민주적 시민의 힘으로 민주주의를 지켜냈지만, 극우 세력들은 앞으로도 언제든지 대중을 선동하고 결집할 수 있다. 보수적인 기성 정당과 엘리트 집단은 이들을 저지하기는커녕, 정권 획득 기회를 노리고 오히려 부추길 위험이 크다는 것도 확인했다. 민주주의의 위기를 막기 위해서는 경제적으로 어떤 노력이 필요할까?

다른 나라의 사례를 보면 우선 경쟁과 세계화 과정에서 뒤처진 집단을 포용하는 것이 무엇보다 필요하다. 하지만 이것이 단순한 도덕적 언명에 그쳐서는 안 된다. 그들에게 새로운 희망과 활력을 주는 것이 필요하다. 실직의 위험과 지역의 쇠락을 단기에 해결하는 것은 어느 나라에서나 쉽지 않다. 진짜 위험한 것은, 해결의 희망이 보이지 않는 상황에서 이들이 장기간 방치되어 주변화되고 또 잊힌 채로 있는 것이다. 미국 러스트 벨트의 쇠락은 지난 몇 년간 벌어진 일이 아니다. 최소한 30년 전부터 시작되었다. 미국의 주별 일자리 통계를 보면 이 기간에 미국의 전체 일자리는 25%가량 늘었지만, 러스트 벨트 지역에서는 반대로 5~10%가량 줄었다. 양질의 일자리만 보면 감소 폭은 훨씬 더 클 것이다. 한 세기 동안 문제는 계속 악화했지만 결국 미국은 이 문제 해결에 실패했다. 처음에는 여러 정책을 내놓았겠지만, 해결이 쉽지 않자 전통 공업 지역의 쇠퇴는 불가피하다고 여기고 실질적으로 손을 놓았다고 할 수 있다. 형식적으로 여러 정책을 발표하더라도 실제로 개선이 없으면 유권자들의 좌절은 더 깊어진다. 문제가 해결되지 않은 상태에서, 소수 집단을 보호하고 인종적 다양성을 받아들여야 한다는 도덕적 구호는 이들의 분노를 더 자극했다.

중요한 것은 정치적 올바름이 아니라 문제가 해결되도록 성과를 만들어내는 것이다. 유럽의 경우도 마찬가지이다. 유럽 통합의 과정에서 경쟁력을 잃고 금융위기와 재정위기로 실직과 연금 삭감 위기에 직면한 남유럽 주민들에게, EU 통합의 확대와 심화가 필요하다는 정치 엘리트의 주장은 공허하게 들렸을 것이다. EU 내 사람의 이동은 더 자유로워져야 하며 내전을 피해 들어온 난민을 계속 수용해야 한다는 도덕적 호소는 오히려 정서적 반발을 초래했다. 경제적 기회를 실제로 박탈당했거나 박탈되었다고 스스로 느끼는 사람들은 쉽게 극우 민족주의 정치 구호에 끌렸다. 유럽 통합으로 인한 지역 간 불균형의 심화, 이주 인구 증가에 따른 실직 위험, 이슬람 극단주의 테러로 인한 사상자의 발생은 20년 이상 지속되었지만, 개선의 조짐이 나타나지 않았다.

그래서 정치의 역할과 정부의 능력이 중요하다. 정치는 미해결 상태의 사회경제적 문제를 방치해서는 안 된다. 피해를 보고 있는 유권자들의 소리가 들리지 않는다면, 그것은 더욱 위험하다. 좌절과 분노를 축적한 이들이 민주주의를 위협할 수 있는 세력과 같은 편에 설 수 있기 때문이다. 정치권은 방치된 사회적 문제를 적극적으로 찾아내고 주변화된 사람들에게 작은 희망이라도 주는 실질적 방안을 인내심을 갖고 찾아야 한다. 세계화와 경쟁이라는 구조적 요인으로 발생한 이런 문제들은 결코 짧은 시간에 쉽게 해결되지 않는다. 한 걸음씩 나아가야 하는데, 정치적 교착 상태에 빠진 정부는 이 한 걸음의 개선도 만들어내지 못한다.

많은 나라에서 정치적 양극화가 심화하고 있다고 한다. 보수 정당과 진보 정당 사이의 이념적 격차가 더 벌어지고 있다는 것이다. 하지만 실제로는 이념적 격차가 커지는 것이 아니라, 정치적 승패를 좌우하는 지지율 차이가 점점 줄어들면서 정치적 타협이 더욱 어려워지고 있을 뿐이라는 지적도 많다. 우리나라 핵심 정당을 비교해봐도 대북정책을 제외한 대부분의 영역에서 이념적 차이는 오히려 줄어들고 있다. 문제는 타협의 정치가 점점 실종되면서 정부나 정치권이 아무 성과도 만들어내지 못하는 불능 정부, 불능 정치가 만성화된 것이다. 타협의 정치 복원을 통해 문제 해결형 정부를 만드는 것이 중요하다.

  마지막으로 경제의 역동성 회복이 필요하다. 주변화된 계층을 포용하려는 노력만으로는 문제가 해결되지 않는다. 경제 전체의 활력이 사라지면 포용에 필요한 여유와 연대의 의지도 같이 약해진다. 지금 우리 경제는 단순히 성장률이 떨어진 것이 문제가 아니다. 위험을 감수하면서도 도전을 통해 새로운 것을 만들어내려는 문화가 사라지는 것이 더 큰 문제이다. 인공지능, 바이오, 우주산업 등 다양한 혁신 기술이 쏟아지는 시대에, 정작 한국의 주력 산업은 20여 년간 변하지 않고 있으며 상위 대기업의 면면도 거의 바뀌지 않고 있다. 혁신과 변화의 동력이 약해졌음을 의미한다. 교육열과 경쟁은 어느 나라보다 치열하지만, 정작 교육과 경쟁을 통해 얻고자 하는 것은 생산적 창조가 아니라, 안온하게 보호받을 수 있는 독점적 지위이다. 경제 전반의 역동성이 사라지면, 상대적으로 쇠퇴하는 지역이나 취약 계층 내부의 활력은 더 떨어질 수밖에 없다. 경제와 사회의 역동성 유지는 민주주의를 지키기 위한 가장 기초적 조건이다.

7장 혐중 정서와 반복적인 중국 위기론의 위험성

지만수(한국금융연구원)

혐중 정서에 담긴 복잡한 심사(心思)

혐중(嫌中) 혹은 반중(反中) 정서는 어느새 한국인의 집단 정서 속에 꽤나 깊숙하게 자리잡았다. 각국의 국민 정서를 추적하는 Pew 연구센터에 따르면, 2024년 71%의 한국인이 중국에 대해 부정적인 인식을 가지고 있다. 이는 조사 대상 35개국의 중간값인 52%보다 월등히 높다. 특히 대부분의 나라에서 젊은 세대일수록 중국에 대한 부정적인 인식이 낮은 반면 한국에서는 거꾸로 젊은 세대일수록 중국에 대한 부정적인 인식이 높았다. 심지어 최근에는 이러한 부정적인 인식이 실제로 차별적·혐오적인 발언이나 행동으로 이어지고 있다. 나아가서는 그 정서나 행동을 국내의 정치 집단들이 정치적 목적을 위해 활용하는 양상도 나타났다. 중국인의 선거 개입 등 사실무근한 주장이 계엄 사태나 국내 정치적 분열 현장에서 중요한 이슈로 등장한 것이 그 예이다. 이 때문에 2025년 5월 유엔 인종차별철폐위원회가 한국에서 중국인에 대한 혐오 행동이 증가하고 있으며 이에 대한 대책 마련이 필요하다고 권고하는 수준에까지 이르렀다.

이러한 집단적 정서가 형성된 다양한 원인에 대해서 앞으로 진지하게 분석할 필요도 있겠지만, 우선은 우리 안에 자리잡기 시작한 중국 혐오가, 중국 경제에서 일어나고 있는 변화를 바라보는 우리의 시각에 어떤 영향을 끼쳤는가를 점검해볼 필요가 있다. 원인보다 결과부터 보자는 것이다. 중국 경제에서 일어나는 변화는 경제적으로나 지정학적으로 우리에게 매우 중요한 변수이자 대외환경이기 때문이다. 그곳에서 일어나는 변화를 객관적으로 인식하고 평가할 수 있어야 그에 대한 적절한 대응도 가능할 것이다. 그런데 지금 중국에 대한 혐오와 공포phobia가 이러한 인식과 평가를 왜곡하고 있다.

주지하다시피 중국의 경제적 부상은 금세기 가장 중요한 경제적 변화의 하나이다. 덩샤오핑이 주도한 이른바 개혁개방 정책은 답답했던 계획경제 체제를 오늘날의 번영하는 시장경제로 변모시켰다. 이러한 중국의 변화는 사회주의 진영 해체와 냉전체제 종식이라는 역사적 변화를 구성한 중요한 부분이자, 시장경제가 전 세계적으로 확장되면서 명실상부한 글로벌 가치사슬이 만들어진 세계화 시대의 주요 동력이었다.

그런데 14억 인구를 가진 거대 국가 중국의 개혁개방은 단지 성공적인 체제 전환이나 경제발전의 사례를 제공하는 데서 멈추지 않았다. 중국은 이제 세계에서 두 번째로 큰 경제 규모를 가진 나라가 되었다. 개혁개방 이후 이루어진 유례를 찾기 어려운 장기간의 고도성장, 수출산업의 놀라운 성장, 지속적인 산업 고도화를 통해 중국은 세계 2위의 경제 대국, 1위의 수출국이자 제조업 국가로 성장하였다. 중국의 일인당 소득 역시 2025년 약 1만 4,000달러로 세계은행의 고소득국가 기준(1만 4,005달러)에 도달했다.[1] 그리고 이러한 경제적 성과를 바탕으로 중국은 미국과의 이른바 패권경쟁 국면을 만들었다. 탈냉전 이후 형성되었던 미국 일극체제에 도전하면서 G2시대, 다극화시대, 혹은 패권경쟁시대라는 새로운 지정학적 지형을 만들어낸 것이다. 이 새로운 지정학이 지금 세계경제 전체를 사로잡고 있다.

그런데 한국은 개혁개방 이후 중국의 역사적 변화를 지리적으로 가장 가까운 거리에서 생생하게 목격한 나라이다. 뿐만 아니라 경제적으로 그 과정 전체와 긴밀하게 연결되면서 중국에서 일어나는 변화를 우리 대외 경제환경 변화로서 온몸으로 체감한 나라이다. 중국이 적극적으로 글로벌 가치사슬에 통합되면서 수출형 제조업을 발전시키던 시기에, 한국 기업들은 중국에 생산기지를 구축하고

---

1   세계은행은 일인당 국민소득(GNI)을 기준으로 세계 각국을 저소득, 중저소득, 중고소득, 고소득 등 4개의 범주로 분류해왔다.

중간재를 판매하는 분업구조를 구축하면서 이른바 중국 특수를 누렸다. 반대로 중국의 빠른 산업 고도화가 진행되면서 그로 인한 경쟁 압력을 가장 직접적이고 강력하게 받기도 했다. 최근 진행되고 있는 미·중 사이의 전략 경쟁에서도 우리 기업들이 중요한 역할을 하고 있는 반도체, 배터리 등의 산업이 그 경쟁의 주요 전장戰場으로 활용되고 있다.

때문에 중국 경제의 변화나 중국의 역사적 부상이라는 현상을 바라보는 우리의 시각은 마냥 객관적일 수는 없다. 그것이 우리 경제나 우리 국민의 삶에 직접적이고 심대한 영향을 주고 있기 때문이다. 하지만 거꾸로 생각해보면 중국의 변화가 주는 경제적·지정학적 영향이 우리에게 미치는 파급력이 크고 중요하다는 점에서, 더더욱 객관적으로 중국에서 일어나는 변화를 인식하고 이해하고 해석해야 한다. 그래야만 적절하고 정확하게 대응할 수 있기 때문이다.

그런데 최근 우리 안에 자리잡은 중국 혐오 확산과, 나아가 국내 일각의 정치적·정파적 세력이 그것을 자신의 정치적 자양분으로 활용하고 있는 현상은 매우 우려스럽다. 그것이 중국의 변화를 정확하게 이해하고 대응하는 노력을 방해하고 있기 때문이다. 그런 의미에서 작금의 중국 혐오 현상은 우리에게 매우 해롭고 위험하다.

혐중 의식과 반복되는 중국 위기론

혐중적인 시각은 중국 경제에 대한 균형적인 이해를 방해해왔다. 그 대표적인 사례이자 징후는 바로 이른바 '중국 위기론'이 반복적으로 유행하는 현상이다. 원래 어느 나라나 경제적인 부침이나 순환을 겪게 마련이고 다양한 구조적 취약성이나 위험 요인들도 내재해 있다. 그렇지만, 어느 나라나 대개 그것을 끌어안고 소화시키며 살아가게 마련이다. 그런데 유독 중국 경제에 대해서는 그 구조적인 취약성, 주기적인 경기 부침, 대외적 경제환경의 악화 등 부정적인 양상이 발견될 때마다, 이러한 취약성과 불확실성의 내용과 위험성을 지적하는 수준에서 그치지 않고, 굳이 몇 가지 비약과 억측을 갖다붙여서 드디어 중국 경제와 체제가 전면적 위기 양상에 직면했다고 해석하는 경향이 반복되어왔다. 물론 부분적인 위기 징후가 전면적인 위기로 이어질 수도 있다. 그렇지만 가능성이 있다고 해서 모든 부분적인 문제, 위험, 불확실성을 매번 전면적 위기의 서사敍事로 연결하는 것은 정당하지 않다. 그럼에도 중국에 대해서는 예외였다. 그러한 과장되고 가공된 위기의 스토리가 너무나 자주 만들어졌고 또 분야와 계층을 가리지 않고 널리 환영받았다.

이 중국 위기론은 시기에 따라 다양한 얼굴을 선보이며 등장하였다. 가령 개혁개방 초기에는 중국의 동부 연해지역, 중부 내륙지역, 서부지역, 동북지역 등의 발전 격차가 확대되어 중국이 하나의 국가로 유지될 수 없다는 중국 분열론이 유행하였다. 1990년대 말에는 중국 국유기업과 금융 시스템 내의 부실채권 문제가 심각해서 도저히 다가오는 금융위기를 피할 수 없을 것이라는 주장이 유행하기도 했다. 2001년 중국의 WTO 가입 직후에는 중국 산업이 WTO

가입에 따른 개방의 충격을 이기지 못하고 붕괴하게 될 것이라는 시나리오도 있었다. 2010년 전후에는 중국에서 때마침 이른바 그림자금융이 급성장했는데 그 속에 막대한 부실 요인들이 숨어 있어서 이번에는 정말 금융 시스템의 전면적 위기를 피하기 어려울 것이라는 평가도 있었다. 지방정부 금융 플랫폼LGFVs이라 불리는 지방 공기업들이 막대한 금융부실을 숨기고 있다는 지적도 이때부터 등장했다. 2014년 전후 중국의 외환보유고가 4조 달러 수준에서 3조 달러 수준으로 급감하자 통제할 수 없는 급격한 외화 유출로 중국이 외환위기에 빠질 수 있다는 관측도 나왔다. 코로나 팬데믹 시기에는 중국이 지나치게 강경하게 경제 및 사회 활동을 봉쇄하고 있고 이에 따른 사회적 압력과 정치적 저항을 피하기 어려울 것이라는 관측도 있었다. 2022년 이후 중국 부동산 시장이 4년 넘게 격심한 침체를 겪자 다시 한 번 중국의 금융 시스템이 부동산 업체의 대량 파산 충격을 견디기 어려울 것이라는 평가가 나오기도 했다. 최근에는 중국 경제가 빠른 고령화, 부동산 버블 붕괴, 지방정부 채무위기, 미·중 갈등 등 장기적이고 구조적인 문제에 직면하여 이미 성장의 한계에 직면해 있다는 이른바 중국 정점론Peak China도 등장했다. 중국이 일본의 잃어버린 30년과 유사한 장기적 침체 상황에 접어들었다는 것이다.

이런 위기 서사들 속에는 문제점을 지적하고 대응을 촉구하는 애정도 담겨 있었겠지만, 대부분의 위기론은 중국의 공산당이 시장경제를 관리하는 형태의 중국식 경제 체제가 성공할 리 없다는 예단을 포함하고 있었던 것도 사실이다. 이 중에서 아직도 진행 중인 중국 정점론을 제외하면, 위기론의 서사가 실제 경제·사회적 위기로 현실화된 적은 없었다. 대부분의 중국 위기에 관한 스토리들은 지나고 나서 보면 과장되었거나 부정확했다.

그렇다면 왜 우리뿐 아니라 세계적으로도 그런 부정확한 위기론이 반복적으로 생산되고 소비되었던 것일까? 그동안 제기되었던 다양한 중국 위기론을 되짚어 보면 하나의 공통점이 있다. 중국 내부에 대한 관찰과 분석이 아니라, 중국 말고 다른 나라에서 발생한 위기의 경험을 중국에 적용하거나 투사해보는 구조를 갖고 있었다는 것이다. 예를 들어 1990년대 구蘇소련의 분열이라는 위기 스토리를 중국에 적용해보았던 것이 중국 분열론이다. 1990년대 말 한국과 일본을 포함한 동아시아 각국이 금융·외환 위기를 경험하자, 유사한 위기 징후의 잣대로 중국을 평가했던 것이 중국 부실채권발 금융위기론이었다. 2008년은 미국이 서브프라임 채권의 부실화에서 비롯된 금융위기를 겪었다. 특히 미국의 비은행권들과 그들의 금융행위가 위기 확산의 통로가 되었다. 그 직후인 2010년부터 중국에서도 지방 부동산 시장 붕괴나 비은행 그림자금융 부실 문제가 또 다른 위기를 예고하고 있다는 얘기들이 등장하기 시작했다. 2022년부터 시작된 중국의 부동산 시장 구조조정이, 1990년대 일본 부동산 버블 붕괴와 연결되는 '잃어버린 30년'의 시작일지 모른다는 이야기도 마찬가지 구조이다.

그런데 중국은 계획경제에서 시장경제로 체제를 이행하고 있었고 후발 개발도상국으로서 다양한 제도를 새롭게 구축하고 있는 나라이다. 많은 부정확한 중국 위기론들은 바로 이러한 내부적·역사적 특수성을 충분히 이해하거나 고려하지 않은 채 겉으로 드러난 특정한 지표들을 다른 나라의 위기 경험에 무비판적으로 대입하는 방식으로 생산되었다. 예를 들어 2000년대 중반까지 중국의 연해와 내륙, 도시와 농촌 지역 간의 일인당 소득 격차가 극심하게 악화되었다. 이는 개혁개방 과정에서 지역 간 발전 속도에 차이가 크게 발생했기 때문이기도 하지만, 다른 한편으로는 주민의 호적 이동을 막아온 인구관리 제도 때문이었다. 사람들이 경제가 성장하는 지역으로 이동하면서 자연스럽게 소득이 평준화되는 메커니즘이 중국에서는 원활하게 작동하지 못했던 것이다. 따라서 이후 이른바 호구제도가 유연해지면서 통계로 나타나는 지역 간 격차는 빠르게 줄어들었다.

그림자금융의 급성장도 마찬가지이다. 다양한 비은행 금융기관과 금융상품이 성장하는 것은 금융업종의 발전 과정에서 일반적으로 관찰되는 현상이다. 중국에서 2010년을 전후해 그림자금융, 즉 비은행 금융상품의 규모가 빠르게 성장한 것은 중국에서도 그러한 금융 발전이 나타났다는 얘기일 뿐이지 그 자체가 어떤 위기의 전조였던 것은 아니다. 2022년 이후 4년 가까이 지속되고 있는 부동산 침체 역시, 부동산 부문의 장기 과열과 그로 인한 금융 시스템의 왜곡을 선제적으로 시정하려는 중국 정부의 강력한 의지가 그 한 원인이다. 즉 버블 붕괴의 징후라기보다는 버블을 통제하는 과정에서 치르는 비용이라고 볼 여지가 크다.

반복되는 중국 위기론의 위험

중국 경제 상황에 대한 무지와 오해에서 비롯된 반복되는 위기론은 결국 중국 경제 상황에 대한 판단이 반복적으로 실패해왔음을 보여준다. 이 반복된 오해의 누적에 대해, 다른 나라 일인데 좀 오해할 수도 있다며 가볍게 넘길 수도 있다. 그러나 중국 경제의 변화는 우리의 중요한 대외경제 환경을 구성한다. 이 변화에 대해 부정확한 판단을 반복한다는 것은 결국 우리 기업이나 정부가 중국의 변화에 대해 부정확한 대응을 반복하고 있었다는 얘기이기도 하다. 즉 반복되는 위기론은 중국 경제의 부상, 중국의 산업 고도화라는 우리와 떼려야 뗄 수 없는 변화를 경시하게 만들거나, 중국의 성장 동력 변화와 같은 더욱 중요한 변화를 간과하게 만들거나, 중국 경제가 항상적인 위기에 빠져 있는 듯한 불안한 상황으로 인식하게 만들어 중국과의 경제협력을 위축시킨다. 단지 오해에 그치는 것이 아니라 실제로 해로운 결과를 가져온다. 마치 무슨 음모론이나 가짜 뉴스에 집단적으로 중독되어 실제로 해롭고 위험한 정치적·사회적 행동을 하게 되는 상황과도 유사하다.

그럼에도 불구하고 유독 중국 경제의 이슈들에 대해 음모론적인 위기론이 더 자주 생산되고, 그것이 정론正論처럼 넓게 확산될 수 있었던 근저에는 중국에 대한 부정적인 평가를 더 반가워하고 더 쉽게 수용하게 만드는 우리 내부의 혐중 의식이 작동한 측면이 있었다고 생각한다. 이는 우리에게만 일어나는 문제도 아니다. 세계적인 차원에서도 중국에 대한 혐오와 공포는 그 연원이 깊다. 100년 이상 거슬러 올라가는 황화론黃禍論, Yellow Peril(19세기 말에서 20세기 초 유럽에서 일본 제국과 청나라 등의 황인종에게 서구가 정복당할 것이라는 위기론)의 끈질긴 잔영이기도 하다. 이런 점에서 우리 스스로 중국을 바라보는 시각에 어떤 편향이 자리잡고 있는지를 반성적으로 점검할 필요가 있다.

즉 우리 안의 혐중 정서와 반복되는 중국 위기론은 부정확했을 뿐 아니라, 중국 경제의 부상이라는 세계적인 변화에 대응하는 우리의 발걸음을 잘못된 방향으로 이끌 수 있다는 점에서 해롭고 위험하다. 왜 매번 중국 경제가 불안하다는 중국 위기론이 유행한 다음에는 다시 중국의 놀라운 산업성장이 우리를 위협한다는 중국 위협론이 등장하는지 이제는 한번 곱씹어 보아야 한다.

중국 정점론은 어떤가

차제에 반복적인 중국 위기론이 지닌 위험성에 대한 이러한 반성에서 출발해서 지금 유행하고 있는 또 다른 담론인 중국 정점론에 대해서 평가해볼 필요가 있다. 중국 정점론 역시 반복적인 중국 위기론처럼 소비될 위험성이 크기 때문이다. 중국 정점론이란 중국 경제가 빠른 고령화, 부동산 버블 붕괴, 지방정부 채무 위기, 미·중 갈등 등 장기적이고 구조적 문제에 직면하여 이미 성장의 한계에 직면해 있다는 주장이다. 이는 중국이 일본의 잃어버린 30년과 유사한 장기적 침체에 빠질 수 있다는 전망으로도 연결된다.

실제로 중국의 연간 경제성장률은 2007년 14.6%로 정점을 기록한 이후 추세적으로 하락하여 지금은 4~5% 수준에 머물고 있다. 나아가 여기서 멈추지 않고 아시아개발은행ADB은 2022년 중국의 잠재성장률이 2025~2030년 기간 3.5%, 2031~2035년 기간 2.7%, 2036~2040년 기간에는 2.0%까지 떨어질 것이라고 전망하고 있다. 중국의 생산가능인구(15~64세)는 2015년 정점에 달한 후 계속해서 감소하고 있다. 중국의 부동산 투자는 2022년부터 4년째 감소하고 있으며 근원적인 수요가 장기적으로 줄어들고 있어서 부동산 경기가 예전 수준으로 회복되기 어려울 것이라고 평가되고 있다. 중국의 2020년 일인당 주택 면적은 41.7제곱미터에 달해 이미 한국(33.9제곱미터, 2021년 기준)이나 일본(39.5제곱미터, 2018년 기준)보다도 넓은 실정이다. 2011년 1년 동안 3,000만 명 가까이 늘어났던 도시 인구는 2024년에는 1,100만 명 늘어나는 데 그쳤다. 2013년 결혼 건수는 1,350만 쌍이었는데, 2024년에는 600만 쌍 수준에 머물고 있다. 중국이 장기적 고도성장을 하는 데 기여했던 인구 보너스가 이미 소멸했고, 부동산 붐을 통한 성장 촉진도 더 이상 기대하기 어렵다는 얘기다. 또 오랜 부채 누적과 부동산 경기 둔화 때문에 지방정부 재정 기반이 취약해져 지방정부가 과거와 같이 적극적인 투자 촉진 역할을 하기도 어렵다. 미·중 갈등이 반도체 등 선진기술을 흡수하는 비용을 높여 성장을 둔화시킬 가능성이 큰 것도 사실이다.

중국 정점론은 지금까지의 중국 위기론과 두 가지 점에서 다르다. 하나는 일시적으로 돌출한 경제적 위험 요인을 지적하는 것이 아니라 장기적인 성장 잠재력에 대한 평가를 담고 있다는 점이다. 그리고 다른 하나는 미·중 갈등이라는 거대한 지정학적 이슈 속에서 중요한 함의를 갖고 있다는 것이다. 사실 중국의 장기적 성장 둔화는 전망이 아니라 20년 가까이 진행되어온 경험적이고 역사적인 사실이다. 앞으로도 중국의 성장률이 추세적으로 둔화될 것이라는 전망은 중국 스스로도 인정하고 있다.

그런데 중국의 장기적 성장 둔화는 중요한 지정학적 변화로 연결된다. 중국의 부상China's rising이라는 역사적 현상의 종료다. 즉 만일 중국의 성장률이 수년 내에 세계경제의 장기 평균성장률인 3.8%(2000~2019년 평균) 아래로 떨어진다면 2025년 대략 세계경제의 17%를 점하고 있는 중국 경제의 위상은 더 이상 커지기 어렵다. 경제적인 기준으로 볼 때 중국의 부상이 종료된다는 얘기다. 또 ADB의 예측대로 2035년 이후 중국의 성장률이 2% 수준에 머문다면 미국의 장기성장률(2.0%, 2000~2025년)과 같아지면서 더 이상 경제 규모 면에서 미국과의 격차를 줄여가기 어려워진다. 지정학적 이슈인 미·중 대결에서 중국의 미국 추격이 종료되고 "시간은 중국의 편"이라는 얘기가 작동하지 않는 새로운 국면이 펼쳐질 수 있다는 것이다. 마치 미국의 패권에 대한 소련의 도전이나 일본의 부상이, 동구권의 체제 붕괴나 일본의 잃어버린 30년을 통해 좌절되었듯, 중국도 같은 길을 걷게 될 것이라는 주장과도 연결된다.

이전의 위기론과 비슷하게 이 중국 정점론에도 사실로서 받아들여야 할 부분과, 편향된 시각 때문에 왜곡된 결론으로 이어질 수 있는 위험 요소가 섞여 있다. 한국을 포함한 많은 선발국들이 경험한 바와 같이 중국의 성장률 둔화 역시 불가피하다. 다만 성장 둔화가 경제 위기로 연결되는 것은 아니다. 성장 둔화가 경제주체들에게 새로 분배할 수 있는 소득을 줄이고 구조적 취약성을 극복하는 데 동원할 수 있는 자원을 제한하는 것은 사실이다. 그러나, 중국의 일인당 GDP는 2025년 1만 4,000달러 수준으로 이미 국제적으로 통용되는 고소득국가high income countries 반열에 접어들었다. 유사한 소득 수준의 국가나 경제 규모가 큰 G20 국가들 사이에서 중국의 성장률은 여전히 비교적 높은 수준이다. 경제가 성숙하면서 성장이 둔화된다고 해서 경제적 위기가 오는 것은 아니다. 정치사회적 불안으로 직결되는 것도 아니다. 그런 의미에서 중국 정점론은 애초부터 중국의 성장 둔화에 대한 묘사일 뿐이지, 또 하나의 중국 위기론이라고 보기는 어렵다.

중국의 역사적 부상이나 지정학적인 추격이 곧 한계에 도달한다는 함의 역시 마찬가지이다. 그것이 곧 지정학적 차원의 미·중 경쟁에서 미국의 승리 혹은 중국의 패배를 의미하는 것은 아니다. 가령 2040년을 전후한 시기에 중국의 성장률이 2% 수준으로 미국과 유사한 수준이 된다고 할 때, 그 의미는 미국과 중국의 경제 규모 경쟁이 일종의 정상상태steady state에 접어든다는 것이다. 그때부터 이 세상에는 미국과 중국이라는, 비슷한 경제 규모를 가지고 비슷한 속도로 성장하는 두 개의 거대 경제가 공존하게 된다. 어떤 의미에서는 중국 정점론이 현실화될 때, 그 귀결은 중국의 몰락이라기보다는 그때부터 G2 사이의 안정적인 경쟁 시대, 진정한 G2 시대가 펼쳐진다는 얘기가 될 수도 있다. 비슷한 규모와 성장 속도를 가진 두 나라가, 미국은 미국대로 중국은 중국대로 자신이 가진 상대적 장점을 발휘하면서 경쟁하는 시대로 접어드는 것이다. 가령 국제통화에 대한 지배력, 국제금융에서의 영향력, 막강한 군사력과 과학기술적 우위를 갖고 있는 미국과 세계 1위의 제조업, 국제무역에서의 지배력, 공급망에 대한 장악력을 가진 중국의 경쟁이다. 그리고 이 경쟁은 상당히 안정적이고 장기적인 양상을 보일 가능성이 크다. 각자의 상대적인 강점이 다르고, 그런 점에서 각자 상대에 대해 강력한 억제 수단을 갖고 있기 때문이다. 가령 전쟁 중인 두 나라가 한쪽은 육군이 강하고 한쪽은 해군이 강하다면, 한 차례의 결전으로 승부를 내기 어렵다. 이런 상황에서는 단기적인 충돌과 승부 결정이라는 시나리오가 오히려 더 비현실적이다.

만연한 혐중 감정은 중국 경제라는 중요한 대외환경에 대한 부정확한 인식을 야기할 수 있다는 점에서 매우 해롭다. 반복되었던 중국 위기론의 사례에서 볼 수 있듯이, 그것은 중국 경제에서 벌어지는 일들을 정확하게 모니터링하는 것을 방해하고, 정확한 지정학적 판단을 하기 어렵게 만든다. 우리에게 중요한 것은 중국의 거시경제적 안정성에 대한 판단을 하는 것보다 중국 산업과 기업의 미시적 성장 양상을 정확하게 이해하는 것이다. 우리 산업과 기업은 중국의 거시적 취약성과 경쟁하는 것이 아니라, 중국 산업과 기업의 미시적 성장과 경쟁하고 있기 때문이다. 또한 우리에게 필요한 것은 미·중 패권경쟁의 시비是非나 승패에 대한 호사가적 판단이 아니라, 길게 펼쳐질 새로운 G2 시대에 대한 차분한 준비다.

우리는 공포에 사로잡힌 집단 정서나 음모론적 사고가 얼마나 위험한 결과를 초래할 수 있는지 경험한 바 있다. 그러한 위험은 국내 정치적 이슈에서만 작동하는 것이 아니다. 대외의 위험이나 위협에 대해서도 마찬가지이다. 우리가 너무 쉽사리 반복적으로 부정확한 중국 위기론에 귀를 빼앗겨 온 이유가 무엇일까를 반성적으로 점검해볼 시점이다.

3부

성장 회복을

위한

정책 전환

8장 산업 전환과 미래 투자를 촉진하는 산업정책

김계환(산업연구원)

생산성 정체와 잠재성장률 하락의 도전

최근 선진국 경제정책에서 가장 중요한 변화를 꼽으라고 한다면 산업정책의 부활을 빼놓을 수 없다. 산업정책은 산업구조 변화를 목적으로 국가가 시장에 개입한다는 점에서 국가의 경제적 역할이 강화되는 보다 근본적인 흐름의 반영이기도 하다. 사회주의적 시장경제 체제를 가진 중국은 물론이고 전통적으로 시장의 자원 배분 기능에 대한 믿음이 확고하던 미국, 유럽 선진국들도 공급망 안보, 첨단 기술 및 산업 안보 등의 이름으로 안보와 산업·기술 정책이 통합된 산업정책을 대폭 강화하고 있다.

세계경제의 역사를 돌이켜볼 때, 산업정책이 강화되는 시기는 19세기 말과 같이 국가가 타국과의 경쟁을 실존적 위협으로 받아들여

경제에 대한 개입을 확대하는 시기였다. 지금도 유사한 환경이 만들어지고 있다는 점에서 산업정책의 부활은 '뉴 노멀'의 하나로 받아들일 필요가 있다.

우리나라는 산업정책을 통해 산업화를 이루며 중진국으로 도약했을 뿐 아니라 지속적인 산업 고도화를 성공적으로 달성한 모범적인 사례로 여겨지기도 한다. 그러나 국가 간 경쟁의 심화 등 새로운 환경에 대응하여 새로운 산업정책으로 진화가 필요한 시점이다. 그동안의 우리나라 산업정책의 목표가 잘 설정되어 있었는지, 수단과 조직, 인적 역량이 목적을 달성하는 데 적절하고 충분했는지 검토할 필요가 있다. 아울러 새로운 목표 설정과 이에 맞는 전략성과 체계성을 갖춰야 한다.

산업정책에 대한 요구는 대외환경의 변화에서만 오는 것은 아니다. 이미 고질병이 된 지 오래인 잠재성장률 하락을 역전시켜 다시 성장궤도에 올라서기 위해서도 기존 산업구조를 대대적으로 전환하고 새로운 성장 동력 산업을 발전시켜야 하기 때문이다. IMF에 따르면 한국의 잠재성장률은 2025년에서 2029년까지 연평균 1.75%로 예상된다. 향후 5년 동안 경기 반등 없이 성장 정체가 이어진다는 의미다.[1] KDI도 비슷하게 암울한 전망을 내놓고 있다. 코로나19 이전인 2001~2010년과 2011~2019년 두 기간을 비교해보면, 경제성장률이 1.6%포인트 하락하였다. 더욱이 2010년대 10여

---

1 IMF, *World Economic Outlook: A Critical Juncture amid Policy Shifts*, 2025.

년의 노동 투입, 자본 투입, 총요소생산성의 증가율 변화 경향을 연장한 기준 시나리오에 따르면 2025~2030년 잠재성장률은 연평균 1.5%에 불과하다. 그리고 글로벌 금융위기 이후 주로 생산성 증가세 둔화가 원인이었으나, 최근 들어 생산성 증가세 둔화에 노동 투입 증가세 둔화가 겹치면서 경제성장률 하락이 악화되는 것으로 조사되었다.[2] 잠재성장률의 결정 요인인 노동과 자본 투입 증가율, 총요소생산성 증가율을 획기적으로 끌어올리지 않으면 장기 정체에서 벗어나기 힘들다는 암울한 전망이 늘고 있다.

비관론의 이면에는 산업 전환의 지체 및 기업 역동성 약화에서 오는 생산성 정체 현상이 있다. 새로운 성장 동력 산업의 부재, 제조업 고용 비중 축소와 저생산성 서비스 중심의 고용 구조 재편, 기업 성장의 정체, 스타트업-기업 성장-대기업화와 글로벌화로 이어지는 기업 성장 경로의 미작동 등 여러 현상이 생산성 정체의 원인으로 지적될 수 있다.

생산성 정체에서 벗어나지 못하는 데에는 산업정책의 책임도 크다. 우선 WTO 체제에서 시장을 왜곡하는 적극적 산업정책이 금기시되어왔다는 현실에서 출발할 필요가 있다. WTO 체제에서 허용된 산업정책은 균형발전 목적의 지역산업정책, R&D 등 공공성이 높아 시장 실패 가능성이 높은 분야, 중소기업 지원과 같은 포용적 정책, 세계화의 부정적 효과를 완화하기 위한 정책 등으로 제한되

---

2 KDI, 〈잠재성장률 전망과 정책적 시사점〉, 《KDI 현안분석》, 2025.

었다. 특히 이 시기에 우리나라에서는 지역 균형발전을 목표로 한 지역산업정책이 산업정책의 한 축을 담당하였다.

그러나 이 과정에서 산업정책의 효과성을 떨어뜨리는 여러 가지 부작용이 나타났다. 산업정책의 가장 중요한 목표인 경쟁력에 대한 고려와 전략성이 약화되었으며, 연관된 정책 간 조정도 제대로 이루어지지 않았다. 지역 균형발전이 주 목적인 지역산업정책, 과학기술부의 연구개발정책을 포함한 전략기술 및 전략산업 정책, 스타트업과 중소기업 등 기업 성장 지원 정책, 교육 및 훈련 정책, 파이낸싱 등 산업정책의 효과를 위해 서로 조율되어야 할 연관 정책들 간 조정이 제대로 이루어지지 못한 것이다. 분야별 정책이 확대되어왔지만 결국 신산업 발전도, 기존 산업구조 전환도, 기업 역동성도 성과를 내지 못하고, 기존 산업구조의 고착화로 귀결되었다.

이처럼 한국 산업은 산업 및 기업 역동성 저하와 생산성 정체라는 내적 도전에, 자국 중심으로 산업 지형을 재편하려는 강대국 간 경쟁 격화라는 외적 도전이 가중되는 복합적 위기에 직면해 있다.

새로운 기술혁명의 잠재력 실현을 위한 산업 전환 전략으로

1990년대 이후 일본의 장기 침체를 연상하게 하는 저생산성 함정에 빠질 것이라는 암울한 전망에서 벗어나기 위해서는, 현재의 저생산성 함정을 긴 역사적 관점에서, 특히 자본주의 발전의 장기순환의 관점에서 볼 필요가 있다. 선진국이 되면 생산성 증가율과 경제성장률 정체가 불가피하다는 비관론이 아니라 장기적이고 주기적으로 반복되는 기술·경제 패러다임의 등장과 확산의 한 국면으로 바라볼 필요가 있다는 것이다.

세계경제는 새로운 기술혁명에 의한 산업 지형 재편의 와중에 있으며, 이 기술혁명이 만들어내는 잠재력의 실현 여부에 따라 선도국과 후발국의 격차가 벌어지고, 후발국의 추격 성장이 이어지는 과거의 패턴이 반복될 가능성이 높다. 생산성의 비약적 증가에 의한 자본주의의 새로운 황금기가 도래할 가능성도 충분하다는 것이다. 세계 각국이 AI에 대한 대규모 투자를 군비 경쟁하듯 늘리는 현상도 AI 활용 여부가 기업, 사회, 국가의 운명을 가르는 강력한 영향력을 끼칠 것으로 예상하기 때문이다.

AI 등 신기술이 일자리의 양과 질에 미치는 효과에 대해서는 엇갈리는 예측이 많지만, AI의 생산성 효과가 매우 크다는 데에는 어느 정도 컨센서스가 있는 것으로 보인다. 잠재성장률의 가장 중요한 결정 요인인 총요소생산성 상승의 주요 원천이 될 수 있다는 점에서 주목하지 않을 수 없다.

AI 및 AI 기반 새로운 기술 플랫폼의 등장이 갖는 생산성 증가의 잠재력을 고려하면, 산업혁명기에 산업화에 먼저 진입한 국가와 나머지 국가로 갈라지는 대분기와 유사하게 세계경제는 AI 혁명을 먼저 도입하여 활용하는 국가와 나머지 국가로 갈라지는 대분기의 목전에 있다고 할 수도 있다. 2008년 미국발 금융위기를 예측하여 '닥터 둠'으로 유명한 누리엘 루비니Nouriel Roubini는 미국의 2030년 잠재성장률이 IMF의 최근 전망치인 1.8%가 아니라 4%까지 높아질 수 있다는 초낙관적인 전망을 제시하면서, 미국이 미래를 주도할 대부분의 산업에서 선도국이라는 사실을 근거로 들었다.[3] 이러한 낙관론은 역시 슘페터주의 경제학자인 칼로타 페레즈Carlota Perez의 전망과도 수렴한다. 그녀 역시 제2차 세계대전 이후 30여 년간 선진국을 중심으로 고성장과 분배의 개선을 동시에 달성하는 자본주의 황금기가 있었듯이, 새로운 기술경제 패러다임의 확산이 자본주의의 새로운 황금기로 이어질 수 있다고 보기 때문이다.[4]

산업구조 전환을 위한 미래 역량 투자

이 산업구조의 대전환은 과거의 산업 전환과 마찬가지로 새로운 산업 인프라, 기업 생산 역량, 사람에게 체화된 지식과 기술 역량의 재구축을 위한 대규모 투자를 필요로 한다. 새로운 산업전략은 새로운 기술혁명이 제공하는 생산성 증가의 잠재력을 실현하기 위한 미래 역량 투자, 산업구조 전환을 위한 대규모 투자에 초점을 맞춰야 한다는 것이다.

투자의 방향은 첫째, 새로운 생산방식으로의 이행을 위한 투자이다. 새로운 생산방식은 AI 등 새로운 기술 패러다임이 제공하는 가능성과 시장 상황을 이용하여 생산성에서나 이윤에서 성과를 내

---

3 N. Roubini, "America's Economic Tailwinds Will Override Trump and His Tariffs", Project Syndicate, 2025.

4 C. Perez, "A long delayed golden age: or why has the ICT installation period lasted so long", UCL Institute for Innovation and Public Purpose, 2022.

는 비즈니스 모델을 포함하는 넓은 개념이지만, 생산과정의 조직 방식에 초점을 맞춘 개념으로 이해할 수 있다. 지배적 생산방식은 자본주의 역사와 함께 진화를 거듭해왔다. 20세기 초에 등장한 어셈블리 라인과 포드주의, 20세기 말의 ICT 기반의 글로벌 가치사슬에 이어, 스마트 제조가 새로운 지배적 생산 모델로 부상하고 있다. 이는 디지털 기술, 자동화, 인공지능, IoT 등 첨단 기술을 중심으로 생산 시스템을 혁신하며, 기존 모델과는 차별화된 방식으로 산업과 경제구조를 재편하고 있고, 그 중심에 디지털 플랫폼 기업이 자리하고 있다.

새로운 생산방식, 생산 시스템 경쟁은 국가 간 산업 주도권 경쟁의 핵심이기도 하다. 자동차산업을 예로 들면, 생산방식의 혁신을 이룩한 기업이 자동차산업의 리더로 부상하는 것을 알 수 있다. 포디즘의 포드, 빈 카운터Bean Counter의 GM, 토요타 생산방식의 토요타, Auto 5000의 폭스바겐, 현다이즘의 현대차, 메가 프레스의 테슬라 등이 대표적 사례이다.[5] 국가의 경쟁력도 새로운 생산방식을 도입하여 산업을 혁신하는 기업과 산업 생태계에 크게 의존하고 있고, 지금도 산업 강대국 간 경쟁은 AI, 그린 기술을 기반으로 하는 새로운 생산방식을 어떤 나라가 주도하느냐를 두고 벌어지고 있다.

한국의 주력 제조업도 기존 생산 시스템에 고착화된 지 오래이며, 새로운 생산 시스템으로의 이행을 요구받고 있고, 이를 위한

---

5 본고를 준비하는 과정에서 토론을 통해 도움을 주신 조철 박사에게 감사드린다.

대규모 투자가 필요한 시점이다. 자동차산업을 예로 들면, 국내 주요 업체의 자동차 생산 공장은 거의 1997년 이전에 설립되었으며 이후 새로운 공장 건립이 이루어지지 않고 있다. 이러한 와중에 전기차로의 전환을 위한 새로운 설비투자뿐만 아니라 그린 전환에 대비한 다양한 동력원의 자동차, 자율주행, AI 기능 활용, 도심항공교통UAM 등 다양한 모빌리티 등을 개발해야 하는 대규모 투자 수요도 존재한다.

한편 자동차 기업 입장에서는 보호주의 강화 속 해외 수요 대응을 위해 해외 투자를 적극적으로 고려하고 있다. 따라서 생산방식의 전환을 위한 투자는 투자 입지로서 우리나라의 경쟁력 강화를 전제로 해야 한다. 특히 생산방식 변화의 주요 방향인 디지털 전환과 그린 전환을 우리 제조업 생산 입지 경쟁력 강화의 기회로 만들어야 한다. 스마트 제조, AI 기반 제조로 임금, 노동 시간, 인력 수급 등에서 불리한 여건을 상쇄해야 한다. 정부는 투자 방향에 대한 산업계, 금융계의 컨센서스 형성을 유도하여 산업 전환에 필요한 투자 확대를 촉진해야 한다. 또 노동 조건, 인력 수급, 각종 규제 등을 합리적으로 개선하고, 관련 인프라를 확충하며, 국내 조달을 위한 국내 공급망 확충을 촉진함으로써 국내 투자 입지 경쟁력을 제고해야 한다.

둘째, 미래 역량을 위한 투자, 즉 사람, 기술, 기업에 대한 투자에 집중해야 한다. 고성장 경제는 기업의 비즈니스 모델, 사람, 기술 등 세 가지 영역에서 서로 조율된 투자를 필요로 한다. 이 세 영역은 단일 발전 과정의 하위 시스템으로 다루어져야 한다. 이 역량 삼각형의 세 요소 중 어느 하나도 상호 조정 없이 독립적으로 성장에 기여할 수 없다.[6]

여기서 미래를 위한 투자를 특별히 강조할 필요가 있다. 우리나라 산업, 경제, 사회가 처한 위기의 근저에는 미래를 생각하지 않는 제도와 관행이 있다. 기업 비즈니스, 금융시장 관행, 정부 정책, 정치 모두 단기 성과에 맞춰져 미래를 고려하지 않는다. 경제의 잠재성장률과 성장률 제고 성과는 장기적 관점을 지닌 기업, 금융시장, 정부, 정치가 없으면 불가능하다. 미래를 위한 투자는 잠재성장률을 높이기 위한 중장기 공공투자 프로그램이기도 하지만 기업, 정부, 정치가 장기적 관점을 갖도록 하는 제도 개혁의 축이기도 하다. 이 미래를 위한 투자를 중심으로 다양한 이해당사자가 컨센서스를 형성하여, 사회·경제·정치의 시계視界를 늘리는 것이 주요 목적이 되어야 한다.

셋째, 혁신, 안보, 좋은 일자리 미션 중심 접근과 섹터별 접근을 결합해야 한다. 혁신(AI+X, 그린 등) 미션은 범용 기반 기술로서 AI 등의 확산으로 기존 산업을 포함한 산업구조를 근본적으로 바꾸는 것을 의미한다. AI 등 새로운 범용 기반 기술은 이 기술을 직접 생산하는 새로운 산업을 만들어내지만, 동시에 이 새로운 기술을 활

---

6   M. Best, *The capabilities and innovation perspective: the way ahead in Northern Ireland*, 2000.

용하여 기존 산업이나 경제 부문을 근본적으로 새로운 산업으로 재탄생시킨다. 내연차 산업을 전기차 및 자율주행차 산업으로 전환하는 것과 같은 사례가 이에 해당한다. 따라서 한편으로는 AI 기술의 공급 역량을 확대하고, AI 산업 생태계의 경쟁력을 강화해야 한다. 하지만 보다 중요한 것은 기존 산업을 근본적으로 혁신할 수 있도록 AI 기술의 확산을 가속화하는 것이다. 기존 산업으로의 확산이 AI에 대한 수요 시장을 확대하고, 이 시장 확대가 규모의 경제 효과를 통해 AI 기술의 가격 하락과 개선으로 이어지는 선순환을 만들어내는 것이 혁신 미션의 목적이 되어야 할 것이다. 제품과 생산과정의 탈탄소 전환을 의미하는 그린 혁신 미션에 대해서도 마찬가지이다. 지금은 AI를 중심으로 바이오, 나노, 로봇, 그린에너지 등 다수의 범용 기반 기술이 서로 상승작용을 하는 기술 발전 가속의 시대이다. 특히 AI 기술은 그 산업적 응용을 통해 생산성 향상과 혁신의 가속을 가능하게 하는 잠재력을 가지고 있다.

안보 미션은 각국이 자국의 전략적 우위를 달성하기 위해 경쟁하고 지정학적 긴장이 높아지는 현실에서 성장과 안보를 상충관계의 문제로 보아서는 안 된다는 의미이다. 안보 어젠다가 경쟁력 어젠다를 뒷받침하고, 경쟁력 어젠다가 안보 어젠다에 기여하는 접근이 필요하다는 것이다. 안보 미션은 한국이 첨단산업의 투자 입지로서 경쟁력을 갖는 데 있어 지정학적 환경 요인의 영향을 크게 받는다는 점에서도 중요하다. 미·중 갈등의 심화 등 지정학적 조건의 변화가 오히려 한국의 투자 입지 경쟁력을 높일 수 있기 때문이다.

세 번째는 좋은 일자리 미션이다. 좋은 일자리 미션은 산업 전환의 목적을 국가 경쟁력 강화와 함께 좋은 일자리를 많이 만들어내는 데에도 두어야 한다는 것을 의미한다. 즉 생산성 향상이 자동적으로 좋은 일자리 확대로 이어질 것으로 가정하지 않고, 이 목적을 명시적으로 추구해야 한다는 뜻이다. 생산성 증가를 동반하는 좋은 일자리 증가가 관건이며, 기존 노동자의 리스킬링과 신규 노동자의 업스킬링을 위한 '사람에 대한 투자'를 대폭 확대해야 한다.

넷째, 혁신의 프런티어에 있고 주요국 간 경쟁의 초점인 첨단 기술 및 산업은 완결형 산업 생태계 구축을 정책 목표로 삼아야 한다. 기존 산업정책의 섹터별 타깃이 최종재 중심으로 한정되어 있었다면, 이제 연구개발 기능은 물론 공급망 기업을 포함하는 산업 생태계 전체로 확대해야 할 필요가 있다. 이러한 변화는 두 가지 필요를 반영한 것이다. 하나는 경쟁의 초점이 기존 기업의 생산 경쟁력에서 새로운 기술과 지식을 이용한 지속적인 혁신 유입으로 이동했기 때문이다. 둘째는 산업 경쟁력이 개별 기업의 단순 합을 넘어 생태계 전체의 시너지에 점점 더 의존하게 되었기 때문이다.

규모의 경제 실현이 가능한 산업 생태계는 지식, 인력, 기업, 자본이 집적하여 규모의 경제를 실현할 수 있는 초광역 이상 범위의 슈퍼 클러스터를 통해 실현되어야 할 것이다. 산업 생태계 전체를 아우르는 슈퍼 클러스터 접근은 산업정책의 타깃을 소재와 부품, 납품 기업, 개념설계와 연구개발에서 시작하여 생산, 유통, 판매, 제품 라이프사이클로 이어지는 가치사슬 전체로 확대하는 것을 의미한다. 기존 혁신 클러스터의 공간적 연계뿐만 아니라 기능적 연계를 통한 네트워크 경제를 실현하기 위한 것이다. 공간적 유연성과 이를 통한 외부와의 연결성을 강화하고, 클러스터 규모를 산업발전에 적합한 범위로 국가 또는 글로벌 차원까지 확대하여 정부의 첨단산업 육성 전략과 일치시키려는 전략이라 할 수 있다. 또한 지역 간 연계, 특히 수도권과 비수도권 간 협력을 통해 지역 균형발전 정책에 접근하고자 하는 것이다.

완결형 산업 생태계의 마지막 구성요소로 섹터 공통의 혁신 경쟁력 기반에 해당하는 산업 공유자산, 산업 커먼스industrial commons를 추가해야 한다. 에너지 인프라, AI 인프라(데이터, 클라우드 등), 인력(고등교육·훈련·연구 네트워크 등), 산학연구 지식 네트워크 등 산업혁신 활동의 공통 기반인 산업 공유자산, 산업 커먼스가 새로운 산업정책의 주요 투자 분야가 되어야 한다.

산업정책 실행 역량 강화와 참여·협치형 거버넌스 구축

이상이 새로운 산업정책의 대상, 특히 공공투자의 방향과 대상 변화에 대한 것이었다면, 이제 새로운 산업정책의 전략성 강화, 조정 역할 강화, 민간부문 참여 확대를 통한 산업정책 실행 역량 강화를 위해 수단 및 거버넌스에서도 변화가 필요하다.

첫째, 투자 증가에 상응하는 유도계획의 부활과 이에 걸맞은 산업정책의 인적·조직적 역량의 강화가 선행되어야 한다. 앞에서 제시한 산업정책의 방향은 사람, 기술, 기업 등 미래 혁신 역량과 산업구조 전환을 위한 투자 증가를 가장 중요한 목표로 삼고 있다. 그러나 이러한 투자 증가는 산업정책의 계획과 실행 역량의 강화를 동반하지 않으면 국가 실패와 낭비로 귀결될 위험이 있다. 투자 증가에 상응하는 사업정책 역량 강화의 일환으로 우선 유도계획의 부활이 필요하다.[7]

신흥 전략산업의 국내 제조 역량과 공급망 재구축, 에너지 전환 등 새로운 산업정책이 해결하고자 하는 도전은 장기에 걸친 대규모 투자를 필요로 한다. 이 장기 대규모 투자를 어떻게 파이낸싱할 것인가가 앞으로 산업정책의 기획과 실행에서 주요한 도전이 될 것이다. 이 대규모 투자는 정부가 단독으로 감당할 수 있는 수준이 아니고, 양적으로도 민간부문의 참여 없이는 불가능하다.

또한 대규모 구조 전환은 기술과 공급망은 물론 시장에서의 수요와 공급 관계로 복잡하게 연관되어 있는 여러 부문이 동시에 발전할 때 효과를 발휘할 수 있다. 따라서 연관 분야 간 투자를 어떻게 조율할 것인가가 산업정책의 도전으로 제기된다. 또한 수요 측 정책과 공급 측 정책의 조율을 통한 시장 형성 정책과, 공급 증가 정책 간의 연계성을 강화할 필요가 있다. 이러한 맥락에서 정책당국의 도구상자와 경제학자의 개념상자에서 오랫동안 사라졌던 유도계획의 필요성이 다시 부각될 것으로 보인다. 이미 중국의 5개년

---

7 유도계획의 부활에 대해서는 김계환, 〈자본주의의 다양성에서 산업정책의 다양성으로〉, 2024; 류덕현·이근 외, 《한국경제 대전망》 제7장을 발췌 수정하였다.

계획 및 산업별 계획은 말할 것도 없고, 미국의 칩스법Chips Act, 인플레이션 감축법IRA, 유럽의 반도체법과 그린딜 투자계획 등도 유도계획의 요소를 갖고 있다. 유도계획은 우리나라 산업화의 역사에서도 낯선 개념이 아니다. 1970년대 중화학공업화 전략은 유도계획이 사용된 대표적인 사례이며, 지금도 당시와 유사한 대규모 구조 전환이 요구되는 시기라는 점에서 유도계획의 체계적 도입을 고려해야 할 것으로 보인다.

유도계획이 구체적으로 실현되는 방식은 국가의 제도적 특성이나 정치문화 차이에 따라 다르겠지만 몇 가지 공통 요소를 가져야 할 것이다. 첫째, 공공투자 장기 액션 플랜이다. 정부가 넷제로Net Zero 등 장기 목표를 분명히 하는 것은 물론 공공투자 중장기 계획을 명시적으로 밝힘으로써 민간부문이 직면하는 정책 불확실성을 해소해야 한다. 둘째, 관련 정책 간 정합성을 높이는 조정 기능을 강화해야 한다. 국내 생산 역량 강화는 정부조달, 한시적 시장보호나 수출시장 확대 등 시장 확대 정책과 조율되어야 하고, 국내 시장 형성을 위한 규제 정책과도 연계되어야 한다. 셋째, 공공부문과 민간부문의 투자가 수렴하도록 지원하는 대전환 친화형 금융수단을 확충해야 한다.

산업정책 실행 역량 강화의 두 번째 방향으로 산업 전환 친화형 금융수단의 확충이 있어야 하고, 민간기업의 투자 확대 유도에 초점을 맞춰 민관 협력 방식을 중시하는 새로운 정책 수단이 확대되어야 한다. 공공부문과 민간부문 투자가 수렴하여 공공부문의 마중물 투자가 민간부문의 투자로 이어지는 유도효과가 증폭되도록 하는 대전환 친화형 금융수단이 확충되어야 한다. 다양한 유형의 국부펀드가 바람직한 측면이 있으나, 이 방식으로 산업의 파괴적 혁신을 파이낸싱하는 데에는 한계가 있다. 특히 제조업과 같이 대규모 장기 투자에 필요한 인내 자본을 제공하는 데 한계가 있으므로 국책은행 역할 확대와 패키지로 검토할 필요가 있다.

우선 기업은행, 산업은행 등 국책은행의 공공투자 역할을 확대·강화할 필요가 있다. 기업은행과 산업은행의 역할을, 앞서 제시한 미션과 타깃 슈퍼 클러스터를 위해 산업금융과 혁신금융의 선도적 기능을 수행하도록 확대·강화해야 한다. 국책은행으로서 기업의 산업 사이클 및 혁신 사이클의 전 단계에 걸쳐 맞춤형 금융수단을 제공하고 민간 투자의 마중물 역할을 수행하도록 하자는 것이다.

이를 뒷받침하기 위해 국책은행 등 정책금융기관을 산업지식 기반 금융의 허브로 전환할 필요가 있다. 국책은행을 기존의 단순 집행기관 역할을 넘어, 산업지식의 생산 및 그것에 기반한 산업금융·혁신금융의 총괄적 기획자 및 선도자 역할, 그리고 그 인력 양성소 역할을 수행하는 방향으로 고도화할 필요가 있다. 국책은행을 동남권 및 서남권에 구축되는 슈퍼 클러스터와 제조업 벨트 등에 필요한 산업금융 및 벤처금융의 기획자 및 선도자 역할, 허브 역할로 고도화하자는 것이다.

셋째 방향은 구조개혁 조건부 투자 지원으로 글로벌 투자 지형의 재편기에 한국의 투자 입지 경쟁력을 획기적으로 개선하는 것이다. 새로운 기술·산업 패러다임으로의 이행을 위한 투자는 국가 간 지정학적 대결과 결합하여, 국가 간 투자 유치 경쟁을 격화시키고 있다. 자국 기업의 투자를 촉진하는 것은 물론, 보조금과 같은 '당근'과 관세와 같은 '채찍' 등의 수단을 동원하여 해외 기업 투자를 유치하고, 이를 국내 산업 역량 재구축을 위한 수단으로 활용하고 있다. 투자 확대에 초점을 맞추는 새로운 산업정책도 투자 유치를 위한 국가 간 경쟁을 통과하지 못하면 투자 유출로 인해 기대한 효과를 거두지 못할 것이다.

또한 새로운 산업구조로의 이행은 기존 자본 스톡의 가치 상실과 함께 새로운 자본 스톡의 축적 과정이기 때문에 대규모 구조 전환을 수반한다. 투자 확대와 함께 과거에 투자된 자산의 가치 감소를 동반하는 구조조정이 동시에 일어나기 때문에, 레거시 부문의 저항과 미래 투자 방향의 불확실성이 투자 증가의 걸림돌이 된다. 이러한 상황에서 투자 양을 증가시키는 것만이 능사가 아니라 투자의 질을 함께 높여야 한다. 그러지 않으면 정부 실패로 이어질 수 있기 때문에 공공투자 거버넌스의 개선을 함께 모색할 필요가 있다.

이 점에서 구조개혁과 공공투자를 패키지로 만드는 프랑스의 '미래를 위한 투자'라는 공공투자 거버넌스 방식은 유용한 사례가 될 수 있다. 눈에 띄는 점은 미래를 위한 투자에 참여하는 부처별 구조개혁과 공공투자의 패키지화이다. '미래를 위한 투자' 사업의 예산은 부처별 예산에 통합되긴 하지만, 거버넌스와 운영에서는 별도의 절차와 규정을 따르도록 되어 있다. 총리실 대투자계획 사무국이 담당하는 평가와 모니터링이 그것이다. 전략 실행 계획, 프로젝트나 프로그램 선정 절차와 기준, 모니터링, 사후 평가 절차 등을 명시하고, 보조금 사용과 효과에 대한 투명성을 제고하기 위해 목표와 평가지표를 분명히 해야 하는 등 평가와 모니터링 체계가 강화되었다.[8]

이 '미래를 위한 투자'에 참여하는 여러 부처에 총 25개의 투자 이니셔티브별 집행위원회가 있어 전략 작성, 모니터링, 자체 평가의 기능을 담당하고, 매년 연간 활동보고서를 총리실 사무국에 제출하며, 다시 사무국은 사업 전반에 걸친 연간 활동을 평가하고 개선 방향을 총리에 보고한다. 그리고 매년 이루어지는 평가 결과에 따라 예산 배분을 조정하여, 성과가 저조한 사업은 축소하고 성과가 좋은 사업은 확대한다.

투자와 구조개혁을 패키지로 하고 평가를 강화함은 물론 평가 결과에 따라 사업별 예산 배분을 조정하는 피드백 메커니즘을 강화하는 것이 공공투자 확대에 따른 국가 실패 위험을 줄이는 유용한 방향이 될 수 있다.

조건부 투자 지원은 민간부문으로도 확대될 수 있다. 이것은 기업의 투자 참여를 유도하기 위한 보조금이나 세금 감면 등의 진흥정책이 동시에 정부의 공공정책 목표에 수렴하도록 하기 위한 것이

---

[8] French Government, *Grand Plan d'Investissement, annex projet de loi de finance 2018*.

다. 예를 들어 지역의 좋은 일자리 증가가 정부 정책의 목적이라면, 기업에 대한 지원도 지역경제 발전과 좋은 일자리 목표에 부합하는 정도에 따라 차등화할 수 있을 것이다. 안보, 혁신 미션에 대해서도 마찬가지이다. 민간부문의 투자가 정부가 설정한 미션에 부합하도록 지원과 규제를 설계해야 한다.

이러한 접근이 효과적으로 작동하기 위해서는 정책 미션에 대한 정부와 민간부문 간 컨센서스 형성과 상호 신뢰가 있어야 함은 물론이다. 정부와 기업이 각자 할 일을 하면 된다는 식의 소원한 관계에 머물러서는 안 된다. 산업정책 당국은 민간부문의 현황에 대한 정보와 분석을 통한 보다 깊은 이해가 있어야 하고, 특히 일반적이고 포괄적인 접근이 아니라 혁신 경제의 특징인 기술, 산업, 지역별 자세한 정보와 맥락에 기초한 분석과 진단이 가능해야 한다. 정책의 현장성, 맥락 타당성을 높이기 위한 혁신이 필요할 것이다.

민간부문에서도 정부 쪽으로 다가가기 위한 변화가 있어야 한다. 개별 기업의 벽을 넘어 산업 생태계 전반에 걸친 준공공적 이슈도 자신의 책임으로 받아들이는 변화가 필요하다. 물론 산업 공동의 인력 교육과 훈련, 산업 공동의 인프라 구축, 규제와 같은 영역은 국가가 담당해야 할 부분이지만, 민간부문이 정부의 공적 역할을 함께 담당하는 민관 협력형 접근이 강화되어야 한다. 이와 같이 국가부문과 민간부문 사이에 준공공적 영역을 확대하는 방식으로 새로운 산업정책의 거버넌스를 변화시켜야 할 것이다. 특히 민간의 주도성과 책임성을 동시에 강화하는 산업정책 거버넌스를 구축해야 한다.

국가 차원에서는 산업전환전략위원회 등 조정 기능을 갖는 일종의 범부처 통합적 추진 체계를 두는 것이 바람직할 것이다. 이 위원회는 장기 산업전략의 발전과 실행을 위한 정보 제공과 모니터링 기능, 정책 제안, 정책 효과 모니터링 및 평가 기능을 담당해야 할 것이다.

전략 섹터별로는 슈퍼 클러스터 전략위원회와 협약에 의한 거버넌스가 유용한 역할을 할 수 있을 것이다. 산업별 협회 등 기업계 대표, 금융계 대표, 전문가 집단, 관련 정부 부처 등으로 위원회를 구성하여, 산업별 핵심 이슈를 발굴하고 발전 방향을 준비하며 해당 산업의 공동 프로젝트를 발굴하고 실행하는 역할을 담당하도록 해야 한다.

이 섹터별 위원회가 협약에 의한 거버넌스에서 핵심 역할을 담당해야 할 것이다. 이 위원회가 당사자가 되어 정부와 산업별 협약을 체결하고, 협약에는 해당 산업의 현황과 장단점, 핵심 프로젝트, 프로젝트별 추진 주체와 로드맵 등을 명시함으로써 국가와 기업 등의 역할을 분명히 해야 한다. 협약에 의한 산업정책 거버넌스는 산업정책 거버넌스의 분권화와 함께 민간부문의 참여와 책임성을 함께 강화하는 방안이 될 수 있을 것이다.

9장 재정 보수주의 극복과 누진적 보편 증세

정세은(충남대학교 경제학과)

성장과 분배 모두 문제인 한국 경제

바깥에서 보는 한국 경제는 칭찬받을 만한 모습을 하고 있다. 외환위기로 큰 충격을 받았지만 한국 경제는 어느덧 중진국의 함정에서 벗어나 1인당 3만 달러 소득을 넘는 성장을 이루었으며, 첨단 산업국가의 입지를 확고히 했고, 복지 역시 과거에 비해 상당히 제고되어 명실공히 선진국이라 불릴 만한 수준에 이르렀다. 그러나 내부에서 보는 한국 경제는 저성장과 양극화라는 이중의 문제를 안고 있고 향후 고령화로 인해 상당한 어려움을 겪을 가능성이 높다.

저성장이 문제라고 해서 과거와 같은 높은 수준의 성장률을 추구해야 한다는 의미는 아니다. 다른 국가에 비해 여성 고용률이 여전히 낮으며 많은 여성이 높은 교육 수준에 비해 자신의 역량을 제대로 발휘하지 못하고 있다는 점, 중국이 제조업 전 분야에서 우리를 추격하고 있고 특히 인공지능·로봇·자율주행 등 신기술 분야에서는 우리를 이미 추월하였다는 점, 무엇보다 기후위기 대응이자 성장 동력이 될 에너지 전환에서 뒤처지고 있다는 점에서 문제로 본다는 것이다. 수출 주도 성장전략이 문제와 한계가 있는 것은 사실이지만 수출은 여전히 중요하며, 디지털 전환과 에너지 전환 시대에 기술 경쟁력에 기반한 수출 경쟁력 확보가 핵심 과제인 것도 사실이다.

성장과 수출 경쟁력이 중요하다는 사실이, "성장이 되면 분배가 자연스럽게 개선된다"는 '선성장-후분배'의 묵은 논리를 의미하는 것은 아니다. '선성장-후분배' 논리의 문제는 시간 순서상 성장이 먼저라고 보는 것만이 아니라, 성장을 위해서는 자본과 기업을 집중적으로 지원해야 하고 이들에게 마음대로 할 수 있는 자유를 주어야 하며 노동과 복지는 희생하고 양보해야 한다고 주장한다는 데 있다. 이 사고에 사로잡히게 되면 노동 보호를 강화하고 복지를 확대하는 것은 성장 기반을 훼손할 것이라고 믿게 된다. 기술 전환 시대에 우리에게 필요한 것은 노동과 윈윈할 수 있는 경쟁력 전략이다.

한편, 분배 악화도 문제이다. 그런데 이와 관련해서는 분배 악화가 문제가 아니라는 주장, 그리고 분배 악화만이 문제이지 성장은 중요하지 않다는 주장도 있어서 유의할 필요가 있다. 우선 분배 악화가 문제가 아니라는 주장은, OECD가 한국에 대해 2011년부터 제공하는, 대표적인 불평등지표인 가처분소득 지니계수가 2011년부터 계속해서 하락해왔고 최근에는 선진국 평균 정도에 이르렀기 때문에 큰 문제가 없다고 보는 입장이다. 그러나 가처분소득 지니계수는 외환위기 이후 가계에 배당되지 않은 유보 이윤이 크게 증가하여 분배가 악화된 것을 반영하지 못한다는 점, 다른 국가에 비해 현물로 주는 복지가 약해 저소득층의 실제 삶은 더욱 팍팍하다는 점, 부동산 가격 급등으로 인해 무자산·저자산 가계가 부담하는 임대료 및 대출원리금이 급증하였다는 점 등을 고려해야 한다. 즉 한국인들이 체감하는 분배 수준이 크게 악화되었음에도 공식적 소득분배지표는 이를 제대로 반영하지 못하고 있는 것이다. 이와 반대로 분배 악화만이 문제이며 성장은 중요하지 않다는 주장도 있는데 이것도 문제이다. 점점 증가하는 고령인구를 부양해야 하고, 불균형을 시정하기 위한 자원 또한 성장을 통해 마련해야 하므로, 성장의 중요성을 낮게 평가해서는 안 될 것이다.

저성장과 분배 악화가 동시에 전개되는 데에는 여러 요인이 있겠지만 외환위기 이후 '집중과 선택', '단기 이윤 극대화' 원칙이 한국 자본주의를 지배하는 핵심 원칙으로 자리잡은 것도 하나의 이유이다. 외환위기 이후 그 전까지의 '재벌-국가' 동맹은 '재벌-금융자본-국가'라는 새로운 동맹으로 재편되어, 포용적이라 할 수 없는 과거의 성장주의를 지속하고 있다. 정부의 지원을 등에 업고 금융자본과 동맹을 맺은 재벌은, 빅딜을 통해 국내 독점도를 올리고 국내 인력 구조조정을 통해 이윤을 극대화했으며, R&D와 마케팅을 강화하고 해외공장 건설과 글로벌 가치사슬 형성을 통해 성공적인 다국적 기업으로 변모하였다. 다국적 기업이 된 재벌은 한국 경제성장의 주역이지만, 전체 구성원의 성장을 이끌지 못하고 있고 분배 악화를 동반하고 있다는 점에서 한계를 안고 있다.

성장과 분배 해결을 위해서는 국가의 역할이 중요

성장과 분배를 동시에 개선하기 위한 주체로 우리가 선택해야 할 것은 '국가(관료) vs 시장(규제 완화된 민간)'이라는 대립항의 어느 한쪽이 아니다. 현재 한국 사회가 겪고 있는 많은 문제가 국가가 약하기 때문이냐고 묻는다면 아니라는 답이 많을 것이다. 반대로 시장은 잘 돌아가는데 규제가 과도하게 많은 것이 문제냐고 묻는다면 그것도 대부분 아니라고 답할 것이다. 관치주의는 여전히 강하며, 반대로 전통적 대기업뿐 아니라 새로 등장하는 플랫폼 기업들도 독점적이다. 금융 역시 장기적 산업금융이 아니라 부동산 투기를 조장하는 가계대출에 몰두하고 있다. 이 상황에서 '국가 vs 시장' 혹은 '규제 강화 vs 규제 완화'는 제대로 된 질문이 아니다.

우리가 극복해야 할 대상은 제대로 역할을 하지 못하는 관료와 제대로 규율되지 않는 시장의 잘못된 결합이다. 과거 고도성장기의 '성장지상주의'가 외환위기 이후 '단기 이윤 극대화 금융화'로 이어졌는데, 이 과정에서 이미 국가의 역할이 크게 축소되었다. 그런데 당면한 위기를 극복하겠다며 국가의 역할을 더욱 약화시킨다면 시장의 '단기 이윤 극대화 금융화' 현상은 더욱 강해질 가능성이 있다. 바람직한 개혁 방향은, 국가의 역할을 재정립하고 관료들이 이를 추구하도록 재조직하는 것이다. 국가의 목표를 기업 성장에 둘

것이 아니라, 분배와 환경을 적극 고려하는 '지속 가능한 성장'으로 재설정해야 한다. 이를 위해 국가는 제대로 된 복지국가를 비전으로 추구해야 하며 사회가 필요로 하는 공공 인프라, 복지 인프라 투자에도 적극 나서야 한다.

또한 두터운 수준의 복지 확대는 두말할 필요 없이 국가가 해야 할 중요한 과제이다. 돌봄, 의료와 관련된 복지 인프라에 국가가 적극 투자하는 것은 실물 투자인 동시에 사람에 대한 투자이기도 하다. 복지 확대는 양극화를 해소하며 저출산과 고령화가 사회에 가하는 고통을 완화하는 중요한 수단일 뿐 아니라 일자리를 창출하여 연쇄적으로 내수를 확대하는 효과를 발휘하는 성장 정책이기도 하다. 복지 확대가 성장 정책이 될 수 없다는 생각은 편견에 불과하다. 또한 복지가 고부가가치 산업이 될 수 없다고 보는 것은 자본의 눈으로 보기 때문이다. 복지 부문은 고이윤이 창출되지는 않지만 고용 창출력이 크기 때문에 많은 부가가치를 임금이라는 형태로 분배해주는 통로가 된다는 점에도 주목해야 한다. 또한 경기에 따른 변동성이 낮아 경기 안정화 역할을 하며, 중요한 생산 요소인 인적 자원을 늘리고 그 질을 향상시켜 장기 성장에도 이바지한다.

산업정책에 대한 정부의 역할은 여전히 중요하다. 물론 과거 고도성장기와 같이 직접적인 방식으로 국가가 산업 발전을 주도하려는 접근은 우려스럽다. 그러나 민간이 나서기 어려운 모험적이고 대규모 자금이 드는 R&D 정책과 벤처기업 활성화, 기후위기 대응과 인공지능 및 로봇 등 기술 대응을 위한 인프라 투자, 전략산업에 대한 정책금융 지원 등 국가가 주도해야 할 사업들이 있다. 감세와 규제 완화를 통해 민간 투자와 고용을 활성화하려는 정책으로는 기술 전환 시대에 효과적으로 대응하기 어렵다. 따라서 민간이 하기 어려운 대규모 인프라 투자를 국가가 주도함으로써 민간 투자의 판을 깔아주는 역할을 해야 한다. 루스벨트 대통령은 뉴딜정책을 통해 대규모 토목공사로 일자리를 창출했는데 현재에도 그 원리는 유효하다. 예를 들어 재생에너지 확대는 기후위기에 대한 대응이자 새로운 성장 동력이 된다는 점에서, 적극적인 공공 주도 재생에너지 투자는 한국형 뉴딜의 핵심이 되어야 한다. 특히 공공 R&D와 인프라 투자를 비수도권 지역에 보다 집중함으로써 수도권과 비수도권 간 격차 해소에도 핵심적으로 기여할 수 있다.

국가의 적극적 역할을 위해 극복해야 할 재정 보수주의

그런데 정부가 이와 같이 적극적인 역할을 하기 위해서는 조세·재정 정책이 변해야 한다. 조세·재정 정책은 '제대로 된 복지국가' 건설과 '재생에너지 인프라, 복지 인프라'에 대한 공공투자 확대를 목표로 해야 하고, 이를 뒷받침할 재원조달 방안을 마련해야 한다. 이러한 정책은 국가의 역할을 바람직한 방향으로 강화하는 것인데, 이를 위해 달성해야 할 중요한 과제가 '재정 보수주의fiscal conservatism'의 극복이다.

재정 보수주의자들의 주장은 간단하다. 긴축을 하게 되면 민간 활력이 자극받아 성장이 촉진되고 분배가 자동 개선된다는 것이다.

이들은 감세정책이 '낙수효과'를 가져오기 때문에 감세와 그에 따른 재정지출 축소와 같은 긴축적 재정정책이 오히려 경기를 부양한다고 주장한다. 이를 '경기 부양적 긴축적 재정정책expansionary fiscal contraction hypothesis'이라고 부른다. 이들에 따르면 증세하고 재정지출을 늘리는 것은 생산을 위축시키고 수요만 늘려 저성장·고물가로 이어진다. 1970년대 통화주의자들이 스태그플레이션에 대해 재정지출 확대의 결과라고 주장한 것처럼, 최근의 보수적 재정학자들은 '지속적 인플레이션에 관한 재정 이론a fiscal theory of persistent inflation'에 따라, 고인플레 현상을 코로나19 위기 때의 확장적 재정정책의 결과라고 주장한다.

그러나 1980년대 이후 추진되어온 보수적 재정정책은 기대했던 낙수효과를 낳지 못했다. 2008년 국제 금융위기 이후에도 많은 국가들이 보수적 재정정책을 고집했지만 그 결과는 선진국 경제가 장기 침체에 빠지는 것이었다. 그로 인해 최근 들어 점차 많은 국가들이 이를 폐기하고 기술 선점을 지원하기 위한 적극적 재정정책으로 선회하고 있다. 그런데도 우리나라의 조세·재정 정책은 여전히 재정 보수주의에 강력하게 사로잡혀 있다. 이것은 무엇보다 재정정책 결정자들 혹은 영향자들(정치인과 관료, 정책 결정에 영향을 미치는 전문가, 언론 등)이 여전히 재정 보수주의에 기대를 걸고 있기 때문이다. 정부가 저성장 탈출과 분배 개선을 이끄는 역할을 수행하고자 한다면 재정 보수주의의 극복은 필수 과제이다.

무엇보다 조세정책이 크게 바뀌어야 한다. 현재의 조세정책은 낮은 조세부담률이 국가 경쟁력을 위해 필수적이라는 생각에 기초해 있다. 그러다 보니 OECD 평균에 못 미치는 조세부담률에 그치고 있다. 아쉬운 점은 문재인 정부 마지막 해인 2022년에 조세부담율이 22.1%까지 올라 OECD 평균과의 격차를 크게 줄였으나 윤석열 정부 첫해인 2023년에 감세로 인해 19.0%로 다시 크게 줄었다는 점이다. 조세부담률을 다시 올리지 않으면 일시적인 복지 확대는 가능할지 몰라도 항상적 복지 확대는 실시하기 어렵다. '경기가 부진하므로 과세를 강화해도 조세부담률을 올리는 것이 어렵다'는 비판이 제기될 수 있다. 그러나 언제나 여유 있는 계층은 있기 때문에 경제가 어려워도 과세 강화는 소폭이나마 조세부담률을 올릴 수 있으며, 그 효과는 경기가 회복 국면에 들어서면 더욱 클 것이다.

조세의 누진성이 충분하지 않은 것도 문제이다. 고소득, 고자산, 대기업의 경우 명목 한계세율은 다른 나라에 비해 낮지 않지만 너그러운 소득공제와 세액공제 제도로 인해 이들이 감당하는 실질적 세 부담은 낮은 편이다. 자본과세, 특히 자본이득에 대한 과세가 약한 조세체제, 즉 적지 않은 불로소득 향유가 가능한 조세체제는 땀에 기반한 생산적 경제를 위협한다. 실물경제는 부진한데 가계부채는 폭증하고 자산 가격이 폭등하는 심각한 문제가 발생한다. 그런 점에서 최근 금융투자소득세가 폐지된 것은 너무 아쉬운 결정이다. 정치권과 정부, 관련 업계가 모두 합의해서 도입한 조세를 유예만 하다가 폐지해버렸다. 투자자들의 조직적 선동에 정치권이 굴복한 셈인데 그로 인해 조세 정의가 크게 훼손되었다. 상법 개정 등을 통해 자본시장을 정상화하는 노력과 함께 다시금 도입 시도를 해야 할 일이다.

경직적인 기준으로 추진하고 있는 재정건전성 정책도 바뀌어야 한다. 현재 OECD 평균보다 한참 낮음에도 불구하고 국채 발행량이 조금만 늘어도 국가 신용등급 강등을 거론하며 공포를 유발한다. 최근 미국의 국가 신용등급 강등은 앞으로 언론에서 적자 재정을 비판하는 근거로 자주 활용될 것이다. 재정건전성을 유지할 필요는 있지만, 재정적자 GDP 3%, 국채 GDP 60%라는 기준을 재정건전성 여부를 판단하는 시금석으로 삼는 것은 비합리적이다. 현재 OECD 국가들이 평균 GDP 80% 정도의 국채를 가지고 있다는 점에서 우리나라의 국채 수준은 양호하다. 유연하게 국채를 발행하여 활용할 필요가 있다.

유연한 재정준칙과 복지 목적세 증세 전략

인프라 투자를 위한 재원조달 전략은 기본적으로 국채 발행, 정책금융 동원이어야 한다. 투자를 통해 적정 수익을 내고, 낮은 금리로 조달한 국채와 정책금융 부채를 갚으면 되기 때문이다. 이처럼 상환 가능한 투자를 위해 국채가 증가하는 것은 문제가 되지 않는다는 준칙을 채택할 필요가 있다. 이러한 재정준칙이 중요한 것은 최근까지도 기재부가 무조건 재정적자가 GDP의 3%를 넘으면 안 되고 국채는 60%를 넘으면 안 된다는 경직적 재정준칙을 도입하려고 시도했기 때문이다. 만일 이러한 경직적 재정준칙을 채택하게 된다면, 국가가 해야 할 인프라 투자는 민간에 고수익을 보장하는 방식으로 추진할 수밖에 없을 것이다.[1]

한편 복지 지출은 항상적이기 때문에 그에 상응하는 재원도 항상적이어야 한다. 따라서 세수 확보가 필수적이다. 우선 어떠한 감세든 더 이상 추진하지 않겠다는 원칙을 세울 필요가 있다. 윤석열 정부는 집권 3년 차에도 멈추지 않고 추가적인 법인세 및 부동산세 감세, 상속세 폐지, 배당소득세 분리과세 등을 시도했고 더불어민주당은 방어적인 형태로 그보다는 약한 감세를 제시한 바 있으나, 더 이상의 감세는 추진되어서는 안 된다.

여기에는 '서민 감세'라는 명분으로 추진되는 감세도 포함된다. 법인세에 비해 상대적으로 근로소득세 부담이 무거워졌으니 근로소득세를 감세해주자는 방안, 전체에 대해서가 아니라 하위 소득 구간에 한정해서 물가연동제를 도입하자는 방안이 서민 감세의 명분으로 최근 제안된 것이 그 사례이다. 그러나 이런 식의 감세도 소득이 적어 소득세를 적게 내는 다수의 서민에게는 그다지 큰 이득이 되지 않으면서 세수 축소와 그로 인한 복지 지출 축소만 야기한다는 점을 명심해야 한다.

---

1 민자 동원의 폐해로는 대표적으로 맥쿼리인프라펀드의 지하철 9호선 건설사업 투자 사례를 들 수 있다. 맥쿼리는 "이명박 정부 시절인 2008년 12월 서울지하철 9호선 사업에 투자한 뒤 최소운영수입보장 조건에 따라 서울시로부터 매년 수백억 원씩을 챙겼다. 2012년에는 기본요금을 1,050원에서 1,550원으로 인상하겠다고 기습 발표했다가 서울시와 갈등을 빚고 2013년 10월 사업에서 철수했다. 이때 주식 매매 차익으로만 284억 원을 챙겨 '먹튀' 논란을 일으켰다."(이재훈, "버스 삼킨 사모펀드, '지하철 9호선' 투자한 맥쿼리 출신들", 〈한겨레신문〉, 2023. 6. 19.)

감세를 저지하는 것만으로는 부족하다. 윤석열 정부에 의해 세수 기반이 크게 위축되었으므로 이를 원상 복구해야 한다. 법인세의 경우 세율을 올리고 투자세액공제도 줄일 필요가 있다. 부동산 세제는 특히 다주택자 양도세와 종부세 중과세를 재도입할 필요가 있다. 물론 원상 복구라는 것이 완전히 동일한 모습으로 복구하는 것을 의미하지는 않는다. 변화된 상황을 고려해 약간은 다르게 설계할 수 있다. 가령 법인세의 경우 최근 첨단산업에 대한 전 세계적 경쟁을 감안해 일부 산업에 대해서는 투자세액공제를 두텁게 제공하는 전략이 필요할 것이다. 부동산 세제와 관련해서는 공시가격을 신속히 현실화하되 공정시장가액비율을 적절히 사용하여 보유세 부담이 갑작스럽게 늘지 않도록 조정할 필요가 있다.

윤석열 정부의 부자 감세를 원상 복구하는 것을 넘어, 세수입 규모를 확대하기 위해서는 바람직한 증세 전략의 원칙을 세울 필요가 있다. 그것은 고소득·고자산 계층이 더욱 많이 부담한다는 누진 증세 원칙과, 보편적 복지는 보편적 부담과 같이 가야 한다는 보편 증세의 원칙을 결합한 '누진적 보편 증세' 전략으로 정리할 수 있다. 과세 기반을 넓히면서(모두가 조금씩 더 부담), 고소득·고자산 계층에게 조금 더 많은 부담을 지우는 전략이 필요하다. 당장은 소비세보다는 직접세를 중심으로 증세하되 하위 소득 구간은 약하게, 고소득 구간은 무겁게 과세하는 방안이 될 것이다.

그러나 증세 시도는 격렬한 저항에 직면할 위험이 있다. 고소득·고자산에 대한 증세는 해외로 자본을 도피시키거나 이민을 떠나는 부작용을 낳을 것이므로 더 이상의 누진 증세를 해서는 안 된다는 주장이 대두할 것이다. 그러나 국적을 바꾸지 않는 이상 어디로 가든 국가 과세를 피할 수 없으므로, 국가가 적극 과세권을 행사하도록 노력할 일이지 이러한 위협에 굴복할 일은 아니다. 현실에서는 자산을 처분하여 해외로 옮길 때 감수해야 하는 손해도 있기 때문에 자본의 해외 도피가 심각한 수준으로 발생할 것이라고는 생각하기 어렵다. 거꾸로 윤석열 정부의 감세정책이 해외로부터 자본을 불러들였다는 증거도 없기 때문에 감세 혹은 증세로 인해 자본 도피나 이민이 크게 영향받는다고 보기는 어렵다.

물론 조세 저항이 고소득·고자산 계층에서만 나타나는 것은 아니다. 보편 증세를 한다면 대부분의 계층에서 광범위하게 벌어질 수 있다. 국민 다수의 조세 저항 문제를 피하기 위해 비과세·감면을 소폭 정리하고 자연 증세를 활용하는 소극적인 방식을 선택할 수도 있다. 그러나 그러한 방식으로는 만족할 만한 수준의 세수를 확보하기 어렵다. 따라서 증세를 추진하되 복지에 사용하겠다고 약속하는 복지 목적세 방식을 적극 고려할 필요가 있다. 가령 소득세, 법인세, 상속·증여세, 종합부동산세와 같은 직접세의 세액을 과세표준으로 하여 납부세액의 10%를 세율로 부과하되 그 세수를 저출산·고령화 대응, 혹은 4차 산업혁명과 기후위기로 인한 일자리 불안정 해소에 사용하는 방안을 사회적 합의를 통해 추진해볼 수 있다. 이렇게 하면 소득과 자산이 적은 개인은 적게, 많은 개인은 많이 내는 식으로 복지 재원 마련에 기여하게 된다.

10장 N분의 1 정책으로는 지방 소멸의 미래를 막을 수 없다

이선화(국회미래연구원)

민주화 이후 우리나라 지역정책은 지방자치, 지방분권, 균형발전을 통해 민주주의와 지역경제의 조화로운 발전을 이루고자 했다. 하지만 실제 정책은 애초의 구상에서 점점 멀어졌고, 방향을 잃고 표류해왔다. 수도권 일극체제는 오히려 강화되었고, 자치단체 재정 여건은 더 나빠졌으며, 지역 거점을 키우려는 전략은 정권이 바뀔 때마다 반복적으로 무력화되었다. 초저출산과 수도권 집중에 따른 인구위기가 본격화되면서 앞으로의 20년은 지나간 20년보다 훨씬 험난한 길이 예상된다. 이제는 단순히 '지역이 낙후되고 있다'는 차원을 넘어, '지역이 아예 사라질지도 모른다'는 위기의식이 커지고 있다. 이 글에서는 그간 추진되어 온 지역발전 정책의 오류를 짚고, 앞으로 어떤 방향으로 나아가야 할지를 제안한다. 지방 소멸에 대한 위기감과 절박함이 커진 지금, 과거 정책을 반복하는 수준을 넘어서 지역정책의 패러다임 자체를 바꿔야 할 때이다.

균등하게 후퇴한 균형발전, 형평에 갇힌 분권

수도권 집중 문제가 국가 의제로 논의되기 시작한 것은 1990년 초반부터이다. 그러나 균형발전과 지방분권을 축으로 하는 지역발전 정책의 뼈대가 잡힌 것은 노무현 정부 들어서이다. 당시 정부는 수도권 집중 현상을 단순한 지역 간 격차가 아니라, 불균형 성장전략이 만든 구조적 문제로 보았다. 기존의 국가발전 패러다임은 ① 중앙집권체제로 인한 자치 역량의 약화, ② 요소투입형 불균형 성장, ③ 수도권 중심의 일극 집중구조 심화를 특징으로 하는 '중앙집권적 불균형 국가'로 규정되었다. 이에 대한 대안으로 제시된 새로운 발전 패러다임은 ① 분권형 국가, ② 혁신주도형 균형발전, ③ 다핵발전 거점 조성, ④ 수도권과 비수도권의 동반성장을 전략으로 하는 '지방분권적 균형 국가'였다.

사실 지방분권과 균형발전은 기본적으로 서로 다른 방향의 가치를 지향한다. 지방분권은 자치단체의 자율성과 책임을 강조하며 지역 간 경쟁을 통해 효율성을 높이는 접근이다. 반면, 균형발전은 중앙정부가 앞장서서 지역 간 불균형을 조정하고, 형평성과 국가 기준을 맞추는 데 초점을 둔다. 문제는, 지역 간 경제력 격차가 큰 상황에서 지역 경쟁을 유도하는 지방분권은 열악한 지역을 더욱 취약하게 만든다는 점이다. 반대로 중앙정부가 형평을 앞세워 주도하는 균형발전은 자치단체의 의존성을 키워, 지역이 스스로 정책을 설계하고 추진할 여지를 좁혀버린다. '지방분권적 균형국가'는 이러한 상충 속에서도 두 마리 토끼를 동시에 잡고자 하는 절충적 시도였다. 그러나 결론적으로, 지난 20여 년간 추진된 균형발전과 분권화는 어느 하나에서도 만족할 만한 성과를 거두지는 못하였다.

균형발전 정책은 확실한 거점 지원이 아닌 행정구역별로 자원을 나누는 식의 '기계적 균형'에 치우쳤다는 비판을 받아왔다. 노무현 정부는 공공기관을 비수도권 10개 혁신도시로 이전시켜 지역 성장의 거점으로 키우려 했고, 이명박 정부는 '5+2 광역경제권' 전략을 통해 행정구역 단위 분산에서 경제권 중심의 육성으로 방향을 틀었다. 문재인 정부가 추진한 '초광역 메가시티' 전략은 시군구나 광역단체 단위의 분절된 접근의 한계를 넘어서기 위해 거점도시를 중심으로 여러 시·도를 하나의 생활·경제권으로 묶어 공동 성장의 기반을 만들고자 한 시도였다. 혁신도시 정책은 공공기관을 전국으로 분산시켰지만 지역 스스로 자생력 있는 거점으로 성장하지 못했고, 신도시 개발은 구도심을 쇠락시키는 부작용을 남겼다. 광역경제권이나 메가시티 구상은 행정 경계를 넘어 경제적 시너지를 기대할 수 있는 권역 모델이라는 점에서는 한 걸음 나아간 시도였다. 그러나 중앙정부의 권한 이양과 충분한 재정 지원이 수반되지 않았고 정책의 지속성 확보에도 실패했다.

거점도시 전략뿐 아니라 예산 집행에서도 균형발전 정책은 큰 허점을 드러냈다. 대표적인 사례가 '국가균형발전특별회계'(현행 '지역균형발전특별회계')이다. 이 예산에는 2005년 이후 약 192조 원이 편성되었다. 그러나 지역 간 불균형을 해소하겠다는 본래 취지와는 달리, 시간이 갈수록 수도권이나 균형발전과 무관한 사업에 투입되는 비중이 점점 늘어났다. 예를 들어, 2008년부터 2021년까지 교통·물류 분야에 배정된 23조 원 가운데 약 7조 원이 수도권 교통망 확충에 사용되었다.[1] 이 때문에 균형발전 예산이 명확한 기준 없는 나눠먹기 예산으로 전락했다는 비판이 제기되고 있으나, 예산의 배분 현황이나 성과에 대한 객관적 검증은 이루어지지 않고 있다.

지방분권 정책도 실질적 효과보다는 명분만 남았다는 비판이 크다. 진정한 지방분권을 위해서는 지역이 자체적으로 예산을 운용할 수 있는 재정 자율성, 즉 재정분권이 뒷받침돼야 한다. 하지만 재정 관련 지표[2]를 보면, 역대 정부의 정치적 선언과 달리 실제 상황은 나아지지 않았다. 재정자립도는 전국 기준 2002년 54.8%에서 2024년 48.6%로 오히려 크게 떨어졌으며, 특히 광역도나 시·군에 비해 특별·광역시의 지표 하락 폭이 더 가팔랐다. 재정자주도 역시 전국 평균이 하락세이고, 광역시 지표가 더 크게 악화했다는 점에서 비슷한 흐름을 보였다. 보통교부세나 지방세처럼 자치단체가 자율성을 갖는 재원이 늘긴 했지만, 중앙정부가 의무적으로 내려보낸 복

---

1   "지역 격차 줄인다는 예산, 서울 '527%' 전국 최고 증가" (《국민일보》, 2021. 6. 14.)
2   재정자립도는 지자체 세입 중 자체 재원인 지방세와 세외수입의 비율로, 재정수입의 자체 충당 능력을 보여준다. 재정자주도는 자체 재원과 지방교부세를 포함하여 지자체가 자율적으로 사용할 수 있는 재원의 전체 세입 대비 비중이다.

지사업 예산 증가 폭이 더 커서 실질적인 자율성은 확대되지 못했다. 지방세 분야도 마찬가지이다. 재정분권 강화의 주된 수단이었던 지방소비세를 보면 세수가 크게 늘어난 것은 사실이다. 그러나 세수 배분 단계에서는 수도권 100, 광역시 200, 도 300의 가중치 구조를 통해 지역 간 형평성을 우선한 재정조정 장치로 쓰이고 있다. 분권을 위한 정책이 지역 간 형평화라는 정책 프레임에 갇히면서, 정작 지자체의 재정 자율성과 책임성은 확보되지 못했다.

 지방재정 지표를 보면, 지방분권이 정치적 구호와 달리 정책적으로는 표류하였음이 분명하게 드러난다. 특히 눈여겨 볼 부분은 부산, 대구, 울산처럼 권역별 거점으로 성장 가능성이 높았던 광역시들이 광역도보다 더 큰 폭으로 재정자립도가 하락했다는 점이다. 경기도를 제외한 광역도는 지표가 다소 개선되었지만, 어차피 재정자립도가 50%를 넘지 못하는 상황에서는 실질적인 분권화를 기대하기 어렵다. 결국 정부의 분권화 정책은 지역의 성장 거점을 키우기보다는 행정단위 간 재정 형평성 확보에 초점을 맞추면서 퇴색하였다. 지역의 핵심 도시들은 중앙정부에 더 많이 의존하게 되었고, 지자체의 재정 책임성과 정부 혁신 역량을 키우겠다는 본래의 취지에서도 점점 멀어졌다.

선택과 집중 원리에 기초한 거점도시 전략 구상

 지금까지의 지역정책은 모든 지자체를 고르게 배려하려는 '현상유지형 정치 논리'에 좌우되어왔다. 균형발전과 지방분권 모두 결과적으로는 수도권이나 낙후된 시·군에만 유리하게 작동했다. 지역 거점도시의 경쟁력이 약화하면서 청년층은 일자리를 찾아 가까운 대도시가 아닌 수도권으로 떠났다. 성장하는 수도권에 밀려 비수도권은 '고르게 후퇴'했다. 새로운 지역발전 전략은 과거의 오류를 경험삼되 미래의 변수를 고려하여 현재의 구조를 개혁하는 것이어야 한다.

미래 변수 중 가장 중요한 것은 인구이다. 우리나라 인구는 2020년을 정점으로 줄어들기 시작했고, 2052년에는 현재보다 약 550만 명이 적은 4,600만 명 수준이 될 것으로 예상된다. 인구감소의 속도와 규모는 지역마다 다르다. 2052년까지의 지역별 인구감소율 전망치는 울산, 부산, 대구, 경남이 20% 이상으로 대체로 비수도권 광역시에서 인구감소 폭이 더 가파르다. 이 중에서도 부울경 지역은 현재 760만 명에서 약 170만 명이 줄어드는 등 가장 빠르게 인구가 감소할 것으로 보인다. 지역 인프라를 현재 수준으로 유지한다고 가정하면, 주민 1인당 부담은 약 30% 늘어나게 된다. 여기에 인구 고령화를 감안하면 지자체 재정 여건은 더욱 열악해진다. 더 많은 중앙정부 재정이 투입되어야 하는데 국가재정 여력 또한 점점 더 줄어들고 있는 상황이다. 결국, 공간 구조의 재편 없이는 지방재정의 지속 가능성은 낮아지고 공공서비스 품질은 악화될 수밖에 없으며, 지방 소멸과 지역 공동화는 가속될 것이다. 실제 한 조사는 2047년경 전국 229개 시군구 전체가 '소멸 위험' 단계로, 157개가 '소멸 고위험' 단계로 진입할 것으로 내다보았다. 국토의 90%가 도시 기능을 잃고 공동화되는 미래가 불과 20여 년 앞으로 다가와 있다.

인구의 자연 감소는 '예정된 미래'지만, 사회적 이동으로 인한 지역 간 불균형과 공동화는 정책적 대응에 따라 바꿀 수 있는 '가변 미래'이다. 이제 지역정책은 한정된 자원을 투입해 지방 소멸을 막는 최선의 전략을 모색해야 한다. 모든 지역에 고르게 나누는 방식이 아니라 '선택과 집중'이 필요한 시점이다. 서울처럼 모든 자원을 빨아들이는 중심축에 맞서려면, 모든 지역으로 투자를 분산시키기보다는 성장 잠재력이 높은 비수도권 대도시에 자원을 집중해야 한다. 한국은행의 분석에 따르면, 비수도권 대도시에서는 투자 지출이 인구증가와 경제성장으로 이어지는 뚜렷한 양(+)의 상관관계가 관찰된 반면, 중소도시나 군 지역에서는 그런 효과가 거의 없었다.[3] 자본의 한계생산성도 중소 시·군보다 대도시에서 더 높게 나타났다. 지역별 투자에 따른 GDP 효과 역시 비수도권 대도시, 수도권, 비수도권 중소도시 순으로 컸다. 비수도권 대도시의 경우 인구 유입에 따른 혼잡비용은 적은 반면 인접 지역으로의 파급 효과는 더 컸다. 달리 말해, 이들 도시에 대한 투자는 지역을 살릴 뿐만 아니라 국가 전체 경제에도 가장 효율적인 선택이라는 것이다.

지방 소멸 문제는 우리나라만의 고민이 아니다. 우리보다 먼저 고령화와 인구감소를 겪은 일본도 거의 비슷한 길을 걸어왔고, 유

---

3   정민수 외, 〈지역경제 성장요인 분석과 거점도시 중심 균형발전〉, BOK 이슈노트 제2024-15호, 한국은행, 2024.

사한 정책적 고민에 직면했다. 일본은 이미 10여 년 전, 균형발전에서 지속 가능한 생존으로 지역정책의 목표를 선회했다. 대표적인 예가 2015년부터 추진된 '중추중핵도시' 전략이다. 이 전략은 유망한 지역 거점에 자원과 정책을 집중해 키우고, 그 거점이 주변 지역과 연결되도록 네트워크를 강화하는 방식이다. 이후에 실제로 도쿄로의 인구 유입은 줄고, 비도쿄권 대도시로의 이동은 늘어난 것으로 조사됨에 따라 이 정책이 부분적이나마 성과를 거둔 것으로 평가되고 있다.

그렇다면 우리나라에서는 몇 개의 핵심 거점이 경쟁력을 가질 수 있을까? 다른 나라 사례를 보면, 우리나라 면적에 해당하는 10만 제곱킬로미터당 대략 1~6개의 핵심 도시가 경제와 인구 중심지 역할을 한다(전게서, 26쪽). 비수도권 면적을 기준으로 보면 실제로 기능할 수 있는 거점 수는 이보다 적을 가능성이 크다. 지금까지의 전략은 어느 정도 행정구역 간 형평을 고려한 결과였다. 그러나 앞으로의 인구 변화, 교통망 구조, 기술 혁신 등을 감안하면, 훨씬 더 강력한 '선택과 집중'이 필요할 수 있다. 극단적인 제안으로는 전국을 수도권·동남권·서남권의 3대 메가시티 체계로 재편하자는 주장도 있다. 적정 거점의 수는 사회적 합의를 전제로 하지만 정치적으로만 결정할 사안이 아니다. 사회적 논의를 시작하기 위해서는 최소 20년 앞을 내다본 인구 전망, 산업 경쟁력, 노동시장 변화 등을 종합적으로 분석한 경제적 평가가 이루어져야 할 것이다.

경쟁력 있는 거점도시 육성을 위한 개혁 과제

지방 도시는 이미 일자리 부족으로 청년과 인재가 빠져나가고, 교육 기능이 약화되면서 다시 기업 경쟁력까지 떨어지는 악순환에 빠져 있다. 이런 도시에 다시 활력을 불어넣기 위해서는 마중물 역할을 할 강력한 개혁이 필요하다. 거점도시 추진을 위한 행정조직이 필요하고 지자체의 책임성과 자율성 강화를 위한 재정 기반이 뒷받침되어야 하며, 인재를 모으기 위해 교육 기능을 회복시켜야 한다.

행정조직 개편은 크게 두 가지 전략이 가능하다. 하나는 기능별 협력을 위한 초광역 협력체를 구성하는 방식, 다른 하나는 행정구역 자체를 통합하는 광역단체 통합 방식이다. 수도권과 경쟁할 수 있는 거점을 육성하려면, 넓은 경제권을 아우를 수 있는 행정단위가 필요하다. 이 점에서 광역단체 통합 방식은 집적경제를 유도하고, 정책의 속도와 일관성을 높일 수 있는 장점이 있다. 행정적으로 완전히 합해진 통합광역단체는 지자체 간의 갈등 비용도 제도 내부로 흡수할 수 있다. 하지만 단점도 있다. 무엇을 기준으로 통합할지 불분명하고, 자치단체 간 이해관계 충돌이 심각할 수 있다. 정치적 반발이 거셀 수밖에 없어 실현 가능성도 낮은 편이다. 반면 초광역 협력체는 행정구역 경계를 뛰어넘어 유연하게 움직일 수 있는 구조이다. 지역 상황에 맞춰 신속하게 대응할 수 있고, 정치적 부담도 상대적으로 적다. 이해관계가 복잡한 사안을 피해, 특정한 공동 의제를 중심으로 협력하고, 신뢰와 성과를 축적하면서 점진적으로 나아갈 수 있는 실용적인 모델이다. 광역단체 통합처럼 강력하진 않지만, 신속한 실행이 가능한 현실적인 접근 방식이다. 결국, 당장은 초광역 협력체를 통해 현안을 해결하고, 이 과정에서 신뢰와 경험을 쌓은 뒤, 광역단체 통합 논의로 넘어가는 단계적인 접근법이 바람직할 것이다.

지역 거점도시 전략이 성공하려면 중앙정부의 의지만큼이나 자치단체 스스로의 역량 강화도 뒷받침되어야 한다. 이를 위해서는 지금까지의 지방분권이 왜 실패했는지부터 돌아볼 필요가 있다. 그동안의 분권 정책은 정치적 구호와 달리, 실제로는 형식적인 권한 이양에 그쳤고, 실질적인 자율성과 재정 권한은 제대로 보장되지 않았다. '기능 이양'에 그치지 않고, 자치단체가 정책 설계와 재정 집행의 실질적 주체가 되도록 제도를 전면 재설계해야 한다. 지금까지는 중앙정부의 의무사업을 지자체로 이관하면서 관련한 예산을 늘려주는 정책, 지방세 총액을 늘리면서 자치단체 재정력에 반비례하여 배분하는 정책을 재정분권이라는 이름으로 추진해왔다. 그러나 지방세 총량 확대는 수도권, 특히 재정력이 탄탄한 일부 자치단체에 압도적으로 유리하다. 지방세 비중을 높이면 서울의 세수는 넘쳐나게 되지만 비수도권 지자체로의 세수 증가 효과는 제한적이다. 국세 감소에 따라 국세 수입의 일정액으로 이전되는 지방교부세는 오히려 줄어들게 된다. 지역 간 경제력과 세원 불균형이 완화되지 않는 한, 이 딜레마는 해소되지 않는다.

이 문제를 풀려면 평균의 함정에서 벗어나야 한다. 지방세 총량이 아니라 분권 세목의 확대에 초점을 맞춰야 한다. 분권 세목에서 걷은 세수는 지방재정조정 공식(예: 교부세 산정 기준)에서 제외하여, 자치단체가 자율적으로 쓸 수 있는 재원으로 만들어야 한다. 자치단체가 기본적인 행정 서비스를 제공하기 위한 예산은 교부세로 조정되기 때문에, 분권 세목에 형평화 기능을 구겨넣을 필요는 없다. 비수도권 몫을 늘리되, 지역 거점도시에 불리하게 배분해서는 안 된다. 비수도권 몫 세수는 지금과는 반대로 광역시 비중을 확대하는 것까지도 고려해볼 수 있어야 한다. 더 나아가, 새로운 지방세 세목을 분권 세목으로 편성하여 초광역 협력체나 통합 광역단체 구성을 유도하는 재정적 유인책으로 활용하는 것도 가능하다.

지역정책의 패러다임을 바꾸기 위해서는 교육자치의 전환도 함께 이뤄져야 한다. 지금까지 지역정책은 일반행정과 교육행정의 이원화 때문에 통합 전략이 제대로 추진되지 못했다. 예산만 보더라도, 지방교육재정은 약 100조 원으로 전체 지방재정의 4분의 1을 차지하지만, 이 예산은 시·도교육청이 독립적으로 기획하고 집행한다. 지방 소멸 문제에서 학령인구 감소와 고령화는 통합적으로 다뤄야 할 사안이지만, 일반자치와 교육자치가 완전히 분리된 칸막이 행정체제에서는 효과적 대응이 어렵다. 교육자치는 중앙정부로부터 법적·재정적 독립성을 강하게 보장받고 있지만, 정작 지역 주민의 참여는 매우 제한적이다. 이런 독립성이 오히려 교육정책이 지역사회나 지역의 미래 전략과 따로 움직이게 만드는 부작용을 낳았다.

행정과 교육의 단절은 초광역 전략에도 걸림돌이 된다. 예를 들어 초광역 메가시티 전략은 일자리, 정주 여건, 교통 인프라 등을 함께 다루지만, 지역 혁신의 핵심인 교육 분야는 공백으로 남아 있다. 행정구역의 경계를 넘어서는 통합적 지역정책을 실현하려면, 일반자치와 교육자치 간 칸막이가 제거되어야 한다. 교육정책이 일반자치와 유기적으로 연결되어야만, 지역 맞춤형 교육전략과 지역산업에 연계된 인재육성 정책이 가능해진다. 현재 지방교육행정은 일반자치뿐 아니라 대학교육, 직업훈련, 청년정책과도 따로 움직이고 있다. 일반행정과 교육행정을 연계하고 통합하면, 초·중등교육과 고등교육, 평생학습 간 칸막이를 허무는 작업도 수월해진다. 지역정책의 성공은 지역 인재를 키우고 좋은 일자리를 만들어, 이들이 지역에 정착하도록 만드는 데 달려 있다. 교육이 '지역정책의 외곽'에 머무는 한, 지역전략은 절반의 실패를 안고 출발하는 것이나 다름없다. 교육과 자치의 통합은 사람, 산업, 지역의 미래를 잇는 거버넌스의 출발점이 되어야 한다.

5년 단임제 정부와 지역정치의 한계를 넘는 초당적 합의체 필요

수도권 일극체제와 지방 소멸 문제는 특정 정당이나 정권의 유불리를 넘어 국가의 존립과 직결된 과제이다. 그러나 그동안 지역정책은 정권 초기에 대통령의 공약에 맞춰 추진되다가 정권 후반으로 갈수록 동력을 잃고 흐지부지되는 일이 반복돼왔다. 지역정책은 균형발전회계 사례에서 보듯 중앙부처, 지자체, 지역구 국회의

원 등 다양한 이해관계가 얽혀 집행 과정에서 쉽게 변질되기도 한다. 노무현 정부의 혁신도시, 이명박 정부의 광역경제권, 박근혜 정부의 지역행복생활권, 문재인 정부의 초광역 메가시티 전략은 각각 다른 정책 기조와 거버넌스를 내세우면서, 이전 정부의 성과를 계승하기보다는 방향을 틀거나 사실상 유기해온 것이 현실이다. 그러나 인구구조, 재정 기반, 공간 재편 등 지역발전의 핵심 요소는 최소 10년 이상의 장기적 안목에서 접근해야 하며, 5년 주기의 정책 사이클로는 감당하기 어렵다.

 이러한 정책 단절은 대통령 5년 단임제라는 제도적 한계에서 비롯된 측면도 크다. 현재의 권력구조하에서 장기적이고 일관된 지역정책을 추진하기 위해서는 국회 차원의 합의를 위한 공론화 플랫폼(가칭 '지역정책특별위원회')이 효과적일 수 있다. 국회 연금개혁특위의 경험에서 알 수 있듯, 국회 협의체는 사회적 갈등이 심각한 국정과제에 대해 정치적 책임을 공유하고 당사자 간 이해관계를 조정하며 합의를 도출하는 데 유용한 제도적 장치가 될 수 있다. 공론화 플랫폼이 다루어야 할 핵심 의제로는 행정구역 개편, 일반자치와 교육자치 통합, 지역발전 예산의 합리화 등이 있다. 나아가 국회가 도출한 지역전략 로드맵이 정부의 국가재정운용계획이나 중장기 인프라 투자계획에 반영되도록 해 정책의 일관성과 예산의 안정성을 확보할 수 있어야 한다.

11장 좋은 은행은 '적당히' 위험한 은행이다

임일섭 (예금보험공사 예금보호연구소)

우리 경제의 문제점이나 현안을 거론할 때 빠지지 않는 것이 가계부채와 부동산 문제이다. 가계부채의 대부분이 주택담보대출임을 감안하면 은행은 이 두 가지 문제에서 핵심적인 위치에 있다. 2025년 1분기 말 기준 은행 가계대출(1,145조 원) 중에서 주택담보대출(910조 원)은 거의 80%를 차지하며, 이는 20여 년 전인 2005년 말의 62%보다도 크게 높은 수준이다. 즉 지난 20여 년간 우리나라의 가계부채 증가를 주도해온 것은 주택담보대출이다.

이처럼 꾸준히 증가해온 주택담보대출은 그동안의 집값 상승과 무관하지 않다. 가구소득 대비 주택가격비율[PIR]은 2006년의 4.2에서 2023년 6.3으로 상승했는데(전국, 중위값 기준), 이는 주택 가격 상승이 소득뿐만 아니라 주택담보대출 증가에 의해 뒷받침되어 왔음을 보여준다.

자산 가격의 상승이라는 문제를 논외로 하더라도, 은행 가계대출의 상당 부분이 부동산을 담보로 하는 대출이라는 점은 은행의 역할을 되묻게 한다. 기업대출의 현황은 이러한 의문을 더한다. 은행 기업대출의 대부분은 중소기업대출인데, 그 중 70% 이상이 부동산 담보에 기반하고 있다.

교과서적 설명에 따르면, 은행은 생산적이고 혁신적인 부문으로 자금을 공급하여 경제성장을 지원하는 역할을 하는 존재이다. 그러나 우리 현실은 이와 거리가 있다. 이른바 '전당포식 영업'이라는 비판이 이를 잘 보여준다.

담보대출 위주 영업은 규제의 산물

이러한 담보대출 위주의 영업이 전적으로 은행의 주주나 경영자 탓이라고 단언하기는 어렵다. '관치'라는 표현이 유독 금융에서 자주 쓰이는 데서 알 수 있듯이, 은행은 대표적인 규제 산업이다. 여타 산업과 달리 은행에 대해서는 촘촘하고도 엄격한 규제가 존재한다. 이러한 규제는 은행의 영업 전반에 영향을 미친다. 따라서 은행이 생산적 부문으로의 자금공급이라는 본연의 역할을 소홀히 하면서 담보대출 위주의 영업에 주력하고 있다면, 이는 현재의 규제 체계의 영향일 수도 있다.

예컨대 자본 규제에서 은행 자산의 위험가중치 산정 방식이 이를 잘 보여준다. 은행 자본 규제는 자산 대비 일정 비율(예컨대 10%)

의 자본 보유를 의무화하고 있는데, 여기서 자산은 위험도에 따라 각각 상이한 가중치를 부여받는다. 예를 들어 중소기업대출의 위험가중치가 50%라면 1억 원의 중소기업 대출은 50%에 해당하는 5,000만 원의 위험자산으로 평가되고, 따라서 이의 10%인 500만 원의 자기자본을 보유해야 한다. 문제는 주택담보대출의 경우 위험가중치가 기업대출보다 훨씬 낮은 15~20% 수준으로 설정되어 있다는 점이다.[1] 이러한 상황에서 은행이 기업대출에 비해 자본 부담이 낮은 주택담보대출에 주력하게 되는 것은 자연스러운 귀결이다.

은행 자본 규제는 왜 이런 방식으로 시행될까? 은행의 자본은 자산이 부실화되었을 때의 손실 흡수력을 의미하며, 따라서 적정한 자본 규모는 자산의 부실 위험에 달려 있는 것으로 평가되기 때문이다. 즉 주택담보대출의 상대적으로 낮은 위험가중치, 이에 따른 낮은 자본 부담은 주택담보대출의 상대적으로 낮은 부실 위험을 반영한 결과이다.

이처럼 은행 규제의 핵심은 건전성 규제prudential regulation이다. 여타 산업에는 없는 건전성 규제가 은행에만 적용되는 이유는, 은행 부실의 부정적 파급 효과가 매우 크기 때문이다. '대마불사大馬不死'라는 표현이 보여주듯, 대형 은행의 부실에 대해서는 정부가 세금

---

[1] 위험관리 역량을 인정받은 은행들은 '내부등급법'을 활용할 수 있으며, 주요 대출자산의 위험가중치 설정 시 규제당국이 제시하는 범위 안에서 일정한 재량권을 갖는다. 현행 우리나라 규제에 따르면 주택담보대출의 위험가중치 하한선은 15%이며, 주요 시중은행의 경우 이에 근접하는 수준으로 위험가중치를 설정하고 있다.

으로 구제금융을 시행하는 경우조차 있다. 그러니 이러한 사태를 예방하기 위해 엄격한 건전성 규제가 필요한 것은 일견 당연해 보인다.

그러나 은행의 건전성에 대한 규제 방식과 은행 본연의 역할에 대한 우리의 기대 사이에는 모순 또는 긴장이 존재한다. 우리는 은행이 생산적·혁신적인 사업에 자금을 공급하고, 이를 통해 경제의 활력을 높이며 실물경제의 성장을 지원하기를 원한다. 그런데 이런 사업은 실패할 가능성이 상대적으로 높기 때문에 그에 따른 대출 부실 위험도 크다. 또한 다른 한편으로, 우리는 은행이 건전하기를 원한다. 그래서 건전성 규제는, 은행이 혁신적인 사업에 대한 대출을 자제하고 담보대출에 주력하도록 유도하는 경향이 있다. 요컨대 '생산적 은행'과 '안전한 은행'은 양립하기 어려워 보인다.

문제는 은행 자산의 부실화가 아니라 부채의 기능 훼손

이러한 딜레마를 어떻게 해결할 수 있을까? '안전한 은행'은 분명 중요한 목표이지만, 은행의 대출자산 운용에 대한 규제가 그 목표를 달성하는 유일한 방법은 아니다. 사실 은행의 대출자산 부실화 자체는 문제의 핵심이 아니다. 시장경제의 효율성은 기업들 간의 경쟁을 거치면서 보다 생산적인 기업이 선별되는 과정을 통해 달성되므로, 어떤 기업이 파산하는 것은 시장경제의 정상적인 작동에 해당하며, 이로 인해 은행 대출이 부실화되는 것도 자연스런 일이다. 진짜 문제는, 은행 자산의 부실화 자체가 아니라 그로 인한 은행 부채의 디폴트 가능성이다. 이는 대표적인 은행 부채인 예금의 손실을 의미한다. 예금은 경제주체들이 여유 자금을 보관하는 장소이며, 거의 모든 상거래에서 지급 수단으로 쓰인다. 따라서 예금에 손실이 발생하면, 예금을 기반으로 작동하는 현재의 지급결제 시스템은 심각한 혼란에 빠지게 된다. 가치의 보관, 그리고 상거래와 지급결제의 주요 수단, 이것이 바로 예금의 고유한 사회적 기능이다. 은행이 예금 상환에 실패한다는 것은 은행 부채의 사회적 기능이 훼손됨을 의미하며, 우리가 은행 부실을 걱정하는 진정한 이유도 바로 여기에 있다.

사실 금융위기의 핵심적 문제는 은행 부채에 있으며, 금융 안정의 본질은 은행 부채의 기능을 안정적으로 유지하는 데 있다.[2] 전술했듯이 기업의 파산은 시장경제 작동 과정에서 벌어지는 일이다. 그런데 대출자인 기업의 파산으로 인해 은행 대출이 부실화되면, 은행은 부채를 상환하기 어려워지고 예금자는 손실을 보게 된다. 이에 대한 우려로 예금자들이 대량 인출을 시도한다면 뱅크런으로 이어질 수도 있다.

그래서 은행 부채의 기능 훼손을 막을 수만 있다면, 은행 자산의 부실이 야기하는 부정적 효과는 크지 않을 수 있다. 물론 대출자 파

---

[2] "금융위기는 채무자인 기업과 가계의 파산 위험이 아니라, 본질적으로는 채권자인 금융회사가 파산 위험에 처하여서 발생한다." 원승연, 《금융위기와 한국경제》(자유아카데미, 2024), 4쪽. 여기서 "채권자인 금융회사의 파산 위험"은 은행 부채 상환에 실패하는 것을 지칭한다.

산에 따른 실물경제의 부정적 영향은 불가피하겠지만, 부채 기능이 훼손되지 않는 한 금융위기는 발생하지 않는다. 따라서 금융안정이 유지된다는 보장만 있다면, 은행에게 안전한 담보대출보다는 다소 위험하더라도 생산적인 대출을 적극 권할 수 있으며, 은행의 부실 위험에 대해서도 좀 더 너그러운 태도를 취할 수 있다. 이 지점에서 금융안전망의 필요성이 생긴다. 자산의 부실(가능성)이 부채의 기능 훼손으로 이어지는 연결고리를 차단하는 것이 금융안전망의 역할이다. 예금보험이 그 대표적인 수단이다. 예금보험은 은행 자산이 부실화되어도, 일정 수준(보호한도)까지 은행 부채의 기능을 그대로 유지해준다. 예금보험을 포함한 금융안전망의 역할 덕분에 우리는 은행의 생산적 자금공급 기능과 부채의 안정성을 모두 누릴 수 있다.[3] 요컨대 은행 본연의 역할을 보존하면서 금융안정을 달성할 수 있다.

은행을 안전하게 만드는 두 가지 방법

은행을 안전하게 만드는 방법, 달리 표현하면 은행 부채의 기능을 안정적으로 유지하는 방법에는 크게 두 가지가 있다. 첫째, 은행

---

[3] 중앙은행의 긴급 유동성 지원('최종 대부자') 기능도 유사한 역할을 하는 것으로 평가된다. 중앙은행은 일시적으로 부채 상환이 어려워진 은행을 대상으로 유동성을 지원함으로써 유동성 위기가 지급불능 위기로 이어지는 것을 막을 수 있다. 다만 최종대부 기능의 재량적 성격, 지급불능 위기와 유동성 위기 간의 구별의 모호함 등은 논란의 대상이다. 중앙은행 자금 지원의 이러한 특성은 최종대부 기능을 매우 강력하게 만들 수도 있고 반대로 매우 제한적으로 만들 수도 있다.

자산이 부실화될 위험을 최소화함으로써 부채의 기능을 유지하는 방법이다. 둘째는 은행 부채에 대한 공적 보증을 제공함으로써 자산의 부실화 위험과 별개로 부채의 기능을 유지하는 방법이다. 첫 번째 방식은 자산을 담보로 부채의 기능을 유지하는 방식이며, 두 번째 방식은 부채에 대한 보증(보험)을 통해 부채의 기능을 유지하는 방식이다. 그래서 첫 번째 방식을 담보 접근법collateral approach, 두 번째 방식을 보증 접근법insurance approach이라고 부른다.[4] 두 가지 방법은 나름의 장단점이 있다.

첫 번째 담보 접근법의 장점은 은행 스스로의 노력으로 은행을 안전하게 만들 수 있다는 점이다. 반면 이 방식의 단점은 위에서 본 바와 같다. 은행은 생산적이고 혁신적인 부문에 대한 대출보다 안전한 담보대출에 치중하게 된다. 요컨대 은행이 제 역할을 하기가 힘들어진다.

두 번째 보증 접근법의 장점은, 대출자산의 부실화 가능성과 별개로 은행 부채의 기능을 유지할 수 있기 때문에 은행이 보다 적극적으로 대출에 나설 수 있다는 점이다. 그러나 이 장점의 이면에는 단점도 있다. 은행의 부채에 대한 보증 덕분에 은행이 이를 믿고 과도하게 모험적인 대출이나 투자를 할 수 있다. 즉 은행 주주와 경영자의 모럴해저드가 커질 우려가 있다.

---

[4] 이러한 구분법에 대해서는 G. Gorton, "The Regulation of Private Money", *Journal of Money, Credit and Banking*, Vol. 52, No. S1, 2020 참고.

요컨대 두 방식 모두 은행을 안전하게 만드는 방법이다. 그러나 첫 번째 방식을 강화할수록 은행 본연의 기능이 위축될 수 있으며, 두 번째 방식을 강화할수록 은행의 모럴해저드 가능성이 커진다.

좋은 은행은 '적당히' 위험한 은행이다

어떤 관점의 특징을 잘 이해하려면, 그 관점을 극단화시켜보는 것이 도움이 된다. 우선 첫 번째의 담보 방식이 극단화되면 은행이 어떤 모습이 될지 생각해보자. 은행 자산의 건전성을 엄격하게 관리함으로써 은행을 완벽히 안전하게 만들려면, 대출을 아예 금지하고 자산의 100%를 안전자산으로 운용하도록 하면 된다. 예컨대 자산 전체를 중앙은행에 예치하는 방안이 그것이다. 이것이 종종 학자들의 이상주의적인 은행 개혁론으로 등장하는 '내로우 뱅킹narrow banking' 구상이다. 내로우 뱅킹 체제에서 은행 자산은 완벽하게 안전해지고 은행 부채의 기능이 훼손될 일도 없겠지만, 그 대신 은행의 생산적 자금공급 기능은 없어진다. 은행을 안전하게 만들려다가 은행의 핵심 기능을 없애버린 것에 가깝다.[5]

---

5 은행을 충분히 안전하게 만들되, 대출 기능은 은행이 아닌 별개의 금융기관이 전담하도록 하는 방안도 상상해볼 수 있다. 그러나 은행의 고유한 특징적 기능은 만기가 긴 대출자산과 만기가 짧은 유동부채(예금)를 동시에 보유하는 데 있다. 이른바 만기 변환 및 유동성 변환 등이 그것이다. 따라서 위의 방안은 은행의 이러한 기능 모두를 제거하는 방안, 즉 은행을 없애버리는 방안이다. 나아가 은행의 이 기능들은 '대출을 통해 예금이라는 민간화폐를 만드는' 것이기 때문에, 이 기능들의 제거는 민간화폐의 소멸과 공공화폐의 독점으로 귀결된다. 이에 대해서는 졸고, "은행은 연금술사? 민간화폐는 허공에서 만들어지지 않는다", 〈한겨레신문〉 2023년 8월 23일자 참고.

물론 이처럼 극단적인 방식은 아니지만, 지금 우리의 현실은 이러한 방향에 가깝다. 주택담보대출의 위험가중치를 낮게 산정해서 적극적 취급을 유도하고, 생산적이고 혁신적인 부문에 대한 대출을 억제하는 방식이다. 이는 우리가 은행을 안전하게 만들기 위해 첫 번째 담보 접근법에 과도하게 의존한 결과이다.[6]

다음으로 두 번째 보증 접근법을 극단적으로 강화하면 어떻게 될까? 이는 은행의 모든 부채를 대상으로 공적 보증을 제공하는 방안이다. 이렇게 되면 공적 안전망이라는 울타리 안에서 은행 주주와 경영자의 사익 추구가 극심해질 우려가 있다. 부채의 기능이 유지되는 덕분에 심각한 위기로 연결되지는 않더라도, 은행의 부실과 구제금융이 빈번해질 가능성이 크다.

세상 모든 일이 그러하듯, 중요한 것은 두 가지 방식 사이에서 적당한 균형을 찾는 일이다. 선험적으로 어느 지점이 최선이라고 단언하기 어렵다. 그런데 현재 우리가 서 있는 지점은 두 번째보다는 첫 번째 방식에 치우친 것으로 보인다. 은행이 제 역할을 하도록

---

[6] 심심찮게 발생하는 금융 부실과 위기 우려를 떠올린다면, 은행이 너무 안전해져서 문제라는 본고의 주장에 거부감을 느낄 수도 있겠다. 그러나 지난 10여 년 동안 겪은 금융 부실의 대부분은 은행 외부, 즉 비은행 금융기관들의 활동 영역에서 발생한 문제들이다. 오히려 이러한 사례는 그동안 은행에게 안전한 활동만을 요구한 탓으로, 사회적으로 필요한 금융 중개 기능들이 비은행 부문으로 이전되었기 때문에 발생한 것일 수도 있다. '은행과 유사한 기능을 하면서도 법적으로는 은행이 아닌' 금융기관, 이른바 그림자은행(shadow banking)에 대한 규제와 감독, 보호는 이러한 관점에서 검토되어야 한다. 이에 대해서는 졸고, "은행 규제로 그림자은행 쑥… 금융시스템 안전 최선책을 찾아서", 〈한겨레신문〉 2024년 7월 24일자 참고. 또한 미국 사례에 대한 연구로는 I. Erel and E. Inozemtsev, "Evolution of Debt Financing toward Less-Regulated Financial Intermediaries in the United States", NBER Working Paper 32114, 2024 참고.

하려면, 첫 번째 방식과 좀 더 거리를 둘 필요가 있다. 즉 자산의 부실화 위험에 대해 좀 더 너그러운 방식으로 규제가 변화되어야 한다. 물론 두 번째 방식의 보완도 수반되어야 한다. 은행 자산이 부실화되더라도 부채의 기능이 유지될 수 있는 구조를 강화해야 하며, 동시에 이것이 은행에 대한 과도한 공적 지원이 되지 않도록 제도를 정비해야 한다.

주택담보대출 규제를 넘어 주택금융의 개선 필요

은행 자산의 부실화 위험 억제만을 목표로 설정된 규제 지표들은 바뀌어야 한다. 주택담보대출의 위험가중치는 지금보다 상향 조정되어야 한다. 은행 규제가 은행의 유인을 변화시키고 영업 행태에 영향을 준다는 점을 고려하면, 주택담보대출의 위험가중치가 기업대출보다 반드시 낮아야 할 이유는 없다. 기업대출을 활성화하고자 한다면, 오히려 기업대출의 위험가중치를 더 낮게 설정하는 방안도 생각해볼 수 있다.

아울러 주택담보대출 규제는 자산의 위험가중치 문제에 국한되지 않는다. 현행 자본 규제는 단지 손실흡수를 위한 버퍼로서만 의미를 갖는 것이 아니다. 예컨대 경기순환에 따른 은행의 과도한 신용창출을 억제하기 위한 취지로 이른바 경기대응완충자본 Counter-cyclical Capital Buffer, CCyB 규제 방안이 국제기구에 의해 제안된 바 있다. 그러나 우리의 경우 가계대출을 대상으로 한 경기대응완충자본 규제 도입이 이런저런 상황 논리로 인해 수차례 지연되어왔다. 주택담보대출을 통한 과도한 신용창출이 자산가격 버블로 이어질 수 있음을 감안할 때, 가계대출 부문에서 경기대응완충자본 규제의 조속한 도입이 필요하다.

주택담보대출에 대한 규제는 자금공급자인 은행 측면에만 한정되지 않는다. 가계부채 관리 방안의 일부인 LTV^{loan to value}(담보인정비율)와 DSR^{debt service ratio}(원리금상환비율) 등을 통한 가계부채의 건전성 관리도 지속적으로 추진되어야 한다. 다만 이처럼 차주의 상환능력 등을 감안한 주택담보대출 관리가 엄격해짐에 따라 추가로 던져야 하는 질문이 있다.

우리가 생산적인 부문에 대한 자금공급을 위해 은행에 제도적 지원까지 제공하는 이유는, 은행이 일종의 투자 전문가로서 사회적으로 필요한 투자처(대출처)를 선별하리라는 기대 때문이다. 그런데 모든 유형의 부동산 담보대출이 다 그런 것은 아니지만, 가계의 주택담보대출은 그다지 높은 수준의 전문성을 요하지 않는다. 우리나라의 경우 표준화된 상품인 아파트를 담보로 하는 대출이 대부분이고, 담보물의 시장가격은 통계 담당 기관에 의해 정기적으로 공표되며, 가계부채 관리 방안이 정비될수록 은행이 재량 또는 '전문성'을 발휘할 여지도 줄어든다. 주택담보대출 취급은 통계기관이 제공하는 담보물의 가치, 당국이 제시한 차주의 상환 능력 평가 규준 등에 따라 기계적으로 수행하는 작업에 가까워진다. 따라서 이러한 성격의 자금공급을 은행이라는 민간기업의 자율에 전적으로 맡기는 것이 타당한가라는 질문이 필요하다.

우리보다 역사가 오래된 미국의 주택금융을 살펴보면, 본래 장기 주택담보대출은 상업은행들이 수행하기에 적절한 것이 아니었다. 예금보험 등의 안전망이 일천하던 당시, 미국이 대공황 이후 모기지 대출의 유동화를 담당하는 패니메이Fannie Mae와 프레디맥Freddie Mac 등의 정부지원기관government sponsored enterprise, GSE을 설립한 이유도 장기 고정금리 주택담보대출을 상업은행이 감당하기 어려워서였다. 미국은 차주의 신용점수와 LTV, DTI, 소득증빙과 대출한도 등을 관리하는 이른바 '적격대출conforming loan'을 은행이 취급하도록 하고, 은행의 대출채권을 GSE가 매입한 이후 신용보강 등을 통해 표준화된 MBSmortgage backed securities로 판매하도록 하였다. 이 MBS는 은행뿐만 아니라 보험사와 연기금, 나아가 뮤추얼펀드와 MMF, 해외 중앙은행과 기관투자자 등의 투자 대상이 되었다. 이런 과정을 거쳐 모기지 대출의 유동화 및 MBS의 유통은 공적 기관이 주도하는 영역이 되었다.

지난 서브프라임 모기지 부실의 기억 때문에 MBS는 어딘가 위험하고 수상쩍은 상품처럼 여겨지는 경우도 있지만, 본래 GSE가 취급하는 MBS는 '적격대출'을 기초자산으로 하는 비교적 안전한 상품이었다. 상황이 변한 것은 2000년을 전후한 규제 완화를 배경으로 월가 금융기관들이 MBS 시장에 진출하면서였다. 이들에 의해 적격대출 요건을 벗어나는 모기지들이 PLSprivate-label securitization를 통해 활성화되었다. 서브프라임, ALT-A 등 상환 능력이 매우 취약한 계층을 대상으로 하는 모기지 상품이 개발되었고, 이것이 새로운

증권화 기법(CDO 트렌치 등)을 통해 다수 금융기관들의 투자 대상이 된 것이 문제였다.[7]

우리 금융당국은 오래전부터 장기 대출의 금리 위험을 차주인 가계가 부담하지 않도록 장기 고정금리 주택담보대출의 활성화를 모색해왔다. 그러나 이에 수반되는 어려움 중 하나는 은행 역시 금리 위험을 부담하기 어렵다는 점이다. 그래서 등장한 것이 바로 은행이 장기채권을 발행하여 고정금리로 자금을 조달하고, 이렇게 조달한 자금을 장기 고정금리 주택담보대출 재원으로 사용하자는 발상이었다. 그런데 이러한 자금조달 방식이 활성화되면 은행의 역할은 어떻게 될까? 은행은 장기 고정금리로 자금을 조달하고, 장기 고정금리 주택담보대출로 자산을 운용하는 기관이 된다. 은행의 자산 측면에서 보면, 투자 전문성을 발휘할 여지도 없고, 생산적이고 혁신적인 자금공급자로서의 기능도 없다. 또한 은행의 부채 측면에서 보면, 예금이라는 단기부채를 통해 경제주체들에게 유동성을 제공하는 기능도 사라지게 된다. 요컨대 장기 주택금융의 조달과 운용에 특화된 은행의 모습은, 단기조달-장기운용이라는 은행 고유의 기능과 어울리지 않는다. 게다가 가계부채 건전성 관리 체계가

---

[7] 본래 서브프라임 대출이 아닌 적격대출만을 취급하던 패니메이와 프레디맥 등도 민간회사들과의 경쟁이 격화되면서 점차 완화된 기준을 적용하여 소득 증빙이 부족한 대출(ALT-A 등)을 취급하게 되었고, 이로 인해 결국 서브프라임 부실에서 촉발된 금융위기로부터 자유롭지 못했다. 미국 모기지 시장의 출현과 발전, 이후 변질과 개선 방향 등에 대해서는 A. Levitin & S. Wachter, *The Great American Housing Bubble: what went wrong and how we can protect ourselves in the future*, Harvard University Press, 2020 참고.

강화될수록 이러한 부조화는 더욱 두드러지게 된다. 차주의 상환 위험 관리 등 여러 측면에서 우리의 주택담보대출이 미국의 '적격대출'과 유사한 상품이 되어갈수록, 주택담보대출은 은행의 특별한 전문성을 요하지 않는 표준화된 상품이 된다.[8] 주택이 값비싼 내구재임을 감안할 때 주택금융은 사회적으로 필요한 금융상품이지만, 그 상품의 공급을 은행이 담당할 필연적인 이유는 없다.

패니메이와 프레디맥 등의 GSEs가 주택금융에서 중추적 역할을 하는 미국의 사례는 이런 점에서 시사적이다. 미국 상업은행들은 창구에서 '적격대출'을 판매하지만 대출채권을 유동화하여 GSEs에 매각하며, MBS의 매입을 통해 실질적으로 모기지 대출에 자금을 공급하는 것은 보험사와 연기금 등 안정적인 장기채 수요자들이 대부분이다. 미국의 GSEs와 비슷한 기관이라 할 수 있는 우리나라의 주택금융공사는 현재 서민 대상의 일부 정책 모기지 상품의 유동화만을 취급하고 있을 뿐이다. 장기적으로는 일반 주택담보대출 상품에서도 주택금융공사의 역할을 확대하고, 은행이 본래의 역할에 충실해지도록 주택금융 제도 전반의 개선에 대한 고민이 필요하다.

---

8 은행은 '대출을 통해 예금을 만들며', 금융안전망을 비롯한 제도적 지원 덕분에 은행 예금은 화폐로 기능할 수 있다. 본문에서도 언급했듯이 이러한 '특권'이 은행에 부여된 이유는, 은행이 사회적으로 유용한 투자처(대출처)를 선별하리라는 기대 때문이다. 따라서 자산가격 상승 기대와의 상호작용을 통한 주택담보대출의 증가는 은행이 화폐발행 권한을 오남용한 결과라고 할 수 있다. 이러한 관점은 졸고, "은행에 민간화폐 발행 맡겼지만⋯ 주담대엔 엄격해야 할 까닭", 〈한겨레신문〉 2024년 5월 9일자에서 제시한 문제의식의 연장선상에 있다. 자본 규제가 은행의 화폐창출 능력에 대한 제한임을 감안하면, 본고가 제안하는 주택담보대출의 위험가중치 상향을 통한 자본부담 강화는 주택담보대출을 통한 은행의 신규화폐 발행을 억제하는 효과를 갖는다.

주택금융의 이러한 변화는 채권시장의 성숙, 기관투자자의 장기채권 수요 등을 전제로 하는 바, 중장기적 과제에 해당한다.

은행의 핵심 기능을 보호하되 시장 감시에 노출시킬 필요

자산의 부실 위험을 최소화하는 데 초점이 맞춰진 현행 규제를 바꾸면, 부실 위험은 지금보다 높아질 수 있다. 따라서 규제 변화와 더불어 자산 부실에 따른 부채의 기능 훼손을 막기 위한 금융안전망의 역할은 더욱 강화되어야 한다. 그런데 또 다른 문제는 금융안전망이 강화될수록 은행의 모럴해저드 위험도 커진다는 점이다. 이를 적절하게 통제하지 못하면, 은행 부실을 처리하는 비용, 즉 은행 부채의 기능을 유지하기 위한 비용을 납세자가 부담하게 될 수 있다. 즉 '이익은 사유화하고 손실은 사회화하는' 구제금융의 가능성을 최소화하는 것도 중요한 과제이다.

일반적으로 채권 발행자가 파산하면 채권 상환은 중단된다. 따라서 채권 보유자들은 그 채권의 상환 가능성, 채권 발행자의 상환 능력을 감시할 유인이 있다. 예컨대 회사채의 경우, 회사채 보유자들은 그 회사의 현황에 대한 판단 혹은 향후 전망에 대한 기대에 따라 채권을 사고판다. 따라서 변동하는 채권의 시장가격은 상환 가능성에 대한 시장의 평가를 의미한다.

문제는 은행이 발행하는 대표적인 채권, 즉 예금이라는 채권은 시장에서 유통되거나 거래되기 어렵다는 점이다. 게다가 은행 예금에 대한 공적 기관의 지급보증(예금보험)은 예금자들이 은행을 감시할 유인마저 없애버린다. 대신에 리스크 프리미엄에 기반한 예금보험료의 부과, 당국의 규제와 감독 등이 시행되는데, 이는 은행에 대한 감시 역할이 시장에서 공공으로 이전되는 것을 의미한다. 그러나 공공부문의 은행 감시가 성공적으로 수행된다고 하더라도, 은행의 부실 위험을 근본적으로 제거할 수는 없다. 특히 대형은행 부실의 경우 그 규모와 상호연계성으로 인해 구제금융 없이 해당 은행 부채의 기능을 유지하는 것은 더욱 어려운 과제가 된다.

이러한 상황에서 등장한 아이디어가 바로 예금자와는 구별되는 유형의 은행 채권자들에게 은행 감시 역할을 부여하되, 은행 파산 시에는 해당 채권이 자본과 유사한 방식으로 손실을 흡수할 수 있도록 하는 것이다. 이것이 글로벌 금융위기 이후 금융안정위원회FSB 등에 의해 제시된 은행 정리제도 개선 방안의 일부인 베일인 bail-in(채권자 손실분담) 제도이다.

이 제도에서 베일인 대상 채권의 손실이 은행 부채의 사회적 기능 훼손으로 이어지지 않으려면 다음의 두 가지 요건이 충족되어야 한다. 첫째, 은행 부채의 대표적 형태인 예금이 보호되어야 하는 이유는 그것의 사회적 기능, 즉 지급수단으로 사용되는 화폐라는 점에 있다. 이러한 사회적 기능은 예금이 사실상 만기가 없는 초단기 부채라는 점에서 비롯된다. 따라서 은행 부실로 인한 손실을 부담해야 하는 베일인 대상 채권은 예금과 달리 장기 채권이어야 한다. 둘째, 베일인 대상 채권의 손실이 금융 시스템으로 확산되지 않으려면 해당 채권은 여타 주요 금융기관이 보유하지 않아야 한다. 베일인 제도의 핵심은, 이러한 특성을 갖는 채권을 은행이 일정 규모 이상 발행하도록 요구하고, 부실 은행을 처리할 때 해당 채권을 상각하거나 주식으로 전환하여 손실을 흡수하도록 결정하는 권한을 금융당국에 부여하는 데 있다. 이러한 구조의 채권이 발행되면, 해당 채권 보유자들은 예금 보유자와 달리 은행의 건전성에 대한 감시를 수행할 유인이 있으며, 아울러 은행 파산 시 손실을 대신 흡수함으로써 구제금융 없이도 예금의 사회적 기능을 유지할 수 있게 도와준다.

베일인 제도는 은행의 채권자를 크게 두 부류, 예금채권 보유자(예금자)와 비예금채권(베일인 대상채권) 보유자로 나눈다. 전자의 사회적 기능은 금융안전망에 의해 유지되지만, 후자의 채권은 손실 흡수에 따른 부작용이 최소화되도록 설계되어야 한다(보유자 제한 등). 전자의 채권은 공적 안전망에 의해 보호되기 때문에 해당 채권 보유자가 은행을 감시할 유인이 없으나, 후자의 채권은 손실 가능성에 노출되어 있기 때문에 은행에 대한 시장의 감시 역할을 수행할 수 있다.

사회안전망이 튼튼할수록 실패에 대한 두려움 없이 구성원들의 도전 의욕이 고취될 수 있듯, 금융안전망이 두터워질수록 구제금융 우려 없이 은행의 적극적 자금공급도 활성화될 여지가 커진다.[9] 글로벌 금융위기 이후 주요국들은 베일인 제도를 이미 도입하였으나, 우리는 아직 검토 단계에 머물러 있다. 베일인 제도 도입 시 은행의 자금조달 비용 증가에 대한 우려가 있으나, 이는 은행의 건전성에 대한 시장의 감시가 정상화되는 과정이기도 하다. 필요한 관련 제도 정비와 더불어 도입을 본격 추진할 필요가 있다.

은행 역할에 대한 균형적 관점의 중요성

은행은 너무 안전하게 운영되어도 곤란하지만 너무 위험하게 운영되는 것도 바람직하지 않다. 안전성에 대한 집착이 은행의 이윤 추구와 결합되면 주택담보대출에 대한 과도한 편중이 나타날 수 있고, 이는 가계의 투자 수요와 맞물리면서 자산 가격의 과도한 상승을 야기할 수 있다. 자산 가격 버블은 단지 금융 측면에 국한되는 문제가 아니다. 경제의 여타 부문에 대비한 자산 가격의 과도한 상승은 자산 보유자와 비보유자 간의 불평등을 심화시킨다는 점에서 사회적 통합을 저해하는 요인이기도 하다.

또한 은행의 역할에는 뚜렷한 제한과 남다른 중요성이 있다는 점도 잊지 말아야 한다. 은행의 자금공급은 부채^{debt} 계약을 기반으로 한다는 점에서 벤처캐피탈 수준의 모험자본 공급에는 적합하지 않다. 지분^{equity} 계약과 달리 부채 계약의 상방 이익은 약정된 원리금으로 제한되기 때문이다. 본래 모험자본은 지분 계약을 기반으로

---

9   사회안전망의 목적이 시장경제에서 소외된 '약자'에 대한 보호인 반면, 금융안전망의 목적은 시장경제에서 발생할 수 있는 금융기관(은행) 부채의 기능 훼손을 차단하는 것이다. 요컨대 사회안전망의 보호 대상이 사람인 반면, 금융안전망의 보호 대상은 특정한 사회적 기능이다. 양자의 공통점은 시장의 활력을 보존하되, 그로 인한 사회적 위험을 최소화하는 데 있다. 금융안전망의 대표적 제도인 예금보험의 목적을 '예금자 보호'로 이해하는 것은 사회안전망과 금융안전망의 혼동에 기인한다.

하는 주식시장에서 공급되는 것이 더 적합하다. 이것이 은행의 자금공급 기능에 부여된 뚜렷한 제한이라면, 은행의 남다른 중요성은 여타 금융기관과 달리 은행 부채(예금)가 지급결제제도의 중추적 역할을 한다는 데 있다. 이런 점에서도 은행의 안전성과 위험 사이의 균형은 중요하다. 이러한 인식을 기반으로 은행의 보다 적극적인 역할을 고민할 필요가 있다.

4부

중산층

복원을 위한 선택

12장 주택정책, 1주택을 넘어 실거주 중심으로

박성욱(한국금융연구원)

들어가며

한때 "집은 사는(living) 곳이지 사는(buying) 것이 아니다"라는 말이 공감을 얻은 바 있다. 주거 서비스를 제공하는 필수소비재인 주택이 투기의 대상이 되는 현실에 대한 안타까움이 담겨 있는 말이다. 하지만 현실에서 각자가 처한 상황에 따라 이 주장을 받아들이는 시각에는 상당히 차이가 있을 수 있다. 우선, 우리나라에서 절반이 넘는 이들에게 본인의 집은 사는 곳이면서 동시에 사는 것이다. 자기가 소유한 집에서 거주하는 가구 비중, 즉 자가 점유율은 2023년 기준으로 57.4%이다. 가계금융복지조사 결과에 따르면 2024년 3월 말 현재 우리나라 가계의 평균 보유 부동산은 3.8억 원으로 자산총액 5.4억 원의 70.5%에 해당하여 주택은 비중이 제일 큰 투자

자산이기도 하다. 이들에게는 주택이 가계 소비지출에서 중요한 부분을 차지하는 필수소비재이자, 중요한 투자 대상인 것이다. 당연히 자기가 사는 집이 살기 좋아야겠지만 가능하면 앞으로 가격이 더 많이 오르기를 바랄 것이다.

한편, 나머지 42.6%의 가구는 자기가 소유하지 않은 집에서 임차 또는 무상으로 살고 있다. 특히 수도권의 자가 점유율은 51.9%로 더 낮다. 이들에게 전월세 부담을 높이는 주택가격 상승은 좋은 소식이 아니다. 그런데 자가 보유율이 60.7%로 자가 점유율보다 좀 더 높은 데서 알 수 있듯, 일부 집주인은 여러 이유로 자신이 소유한 집에 거주하지 않아 '사는 곳'과 '투자 대상'이 다르다. 이들에게는 될 수만 있다면 사는 집의 전월세 가격은 안정되는 반면 소유하고 있는 주택의 가격은 상승하면 좋을 것이다. 집을 소유한 가구 중 다주택가구 비중은 26.0%(전체 가구의 14.7%)인데 이들에게 거주하지 않는 집은 그야말로 '사는(buying) 것', 즉 투자 대상이다.

이처럼 다양한 주택 점유 및 소유 형태를 가진 가구들이 분출하는 '질 높은 주거 서비스 향유'와 '높은 투자수익 획득'이라는 때로는 상충하는 두 가지의 욕망을 얼마만큼 일관된 기준으로 제어하고 충족시켜줄 것이냐가 주택정책의 성패를 결정하는 관건이다. 주택가격 상승은 해당 주택을 보유한 소유주에게는 자산형성의 기회지만, 공급이 매우 비탄력적인 필수소비재인 주거 서비스를 본인의 경제력으로 감당할 수 있는 수준에서 안정적으로 제공받기를 바라는 수요자에게는 부담이기 때문이다.

문재인 정부는 필요한 주거 서비스를 골고루 제공하기 위해 실수요자 위주로 주택시장을 개편하고자 하였다. 하지만 공급 대책이 부족한 가운데 다주택자 세금 인상, 대출 규제 강화 등 수요 억제 일변도의 정책만으로는 부동산 시장을 안정시키기 어려웠다. 윤석열 정부는 그 반작용으로 자산형성 욕구를 인정해야 한다며 규제를 완화했다. 하지만 '둔촌주공 살리기'로 불리는 주택분양 규제 완화와 LTV 규제 완화, 특례보금자리대출, 신생아특례대출 등의 정책은 정책 대상 가구의 주택 마련 유인을 강화하였으나 뚜렷한 공급 확대 방안이 뒷받침되지 않아 오히려 주택 수요만 더 확대하는 결과를 초래했다.

이제 새 정부 출범을 계기로 앞으로의 주택정책 방향에 대해 다시 생각해볼 시점이 되었다. 60%에 가까운 자가 점유율을 생각하면 주택을 통해 부를 쌓으려는 욕망 자체를 부인하면서 현실적인 주택정책을 펼치기는 어렵다. 상당수 가구의 주거 형태가 임차인데, 임대주택을 공급하는 다주택자가 되는 것 자체를 범죄시하는 것도 바람직하지 않다. 그렇다고 실수요와 거리가 있는 투기 거래를 정부가 나서서 지원할 필요는 없다. 이런 문제의식하에서 앞으로의 주택정책 방향을 설계할 때 고려해보았으면 하는 몇 가지 점에 대해 질문을 던져보고자 한다.

1주택자는 모두 실수요자인가?

최근 부동산 시장의 두드러진 특징은 수도권 중심의 일극화이다. 부동산원이 발표하는 실거래 가격지수를 살펴보자. 2024년 12월 서울 아파트 가격은 10년 전보다 120.2% 올랐는데, 지방 도 지역(경기도 제외) 아파트는 4.3% 올랐다. 지방 광역시 아파트도 24.0% 상승에 그쳤다. 같은 기간 소비자물가가 22.2% 오른 걸 생각하면 실질 가치 기준으로 지방 광역시 아파트의 가치는 10년 전 수준이고 지방 도 지역(경기도 제외) 아파트는 오히려 하락한 셈이다. 지방 소멸 등 다른 요인도 작용했지만, 일부에서는 다주택자 규제 강화로 인한 '똘똘한 한 채로의 쏠림 현상'[1]을 원인으로 지목하며 그 해결책으로 다주택자 규제 완화를 주장한다.

문재인 정부의 다주택자 규제에 속도나 부담의 정도 측면에서 무리한 점이 있었던 것은 사실이다. 하지만 다주택자 규제가 기대한 효과를 발휘하지 못한 데에는 오히려 규제 대상에서 빠진 부분이 있었기 때문이라는 게 나의 생각이다. 즉 투기적 거래라는 면에서는 다주택자와 성격이 동일한데도 실거주하지 않는 1주택자를 규제 대상에서 제외하고 실수요자로 인정하면서 제도상 허점이 생겼다는 것이다. 가령, 1주택자가 2년 이상 주택을 보유하면 실제 거주하지 않더라도 양도세 비과세 혜택을 주고 있어 거주를 목적으로 하지 않아도 불이익이 크지 않다.

1주택자의 거주 요건을 관대하게 적용하여 주택 관련 제도가 주

---

[1] 한국부동산원에 따르면 서울 아파트 매매 거래 중 외지인이 매입한 비율은 2016년 17.2%였으나, 2025년 1–4월에는 23.8%에 달했다.

택의 소비재로서의 기능과 투자 대상으로서의 기능이 손쉽게 분리되도록 허용하면 부동산 투기를 심화시킬 위험이 크다. 소비재로서 주택이 가지는 주요한 특성은 수요가 지역적이어서 자연스럽게 시장이 분할된다는 점이다. 학교나 직장, 가족 등과 인접한 지역에 거주할 필요성이 있기 때문에, 거주 요건이 엄격하면 해당 지역을 벗어난 주택을 매입하는 데 제약이 매우 크다. 반면 거주 요건이 관대하면 전국이 하나의 시장이 된다. 1주택자도 거주지와 무관하게 가장 높은 가격 상승이 기대되는 특정 지역에 집중 투자하는 것이, 투자 자산의 기대수익률을 극대화하는 관점에서는 최선의 선택이다. 특히 우리나라는 전세 제도가 있어서 레버리지 확대에 용이하고 아파트라는 매우 균질적인 주택이 주된 투기 거래 대상이라는 점에서, 최고의 수익률을 안겨줄 '똘똘한 한 채'를 대상으로 한 전국적인 쏠림 현상이 쉽게 촉발될 여건을 가지고 있다. 단기적으로 공급이 비탄력적인 주택시장에서 전국 단위의 투기 수요가 한 곳으로 쏠리면 시장 변동성이 증폭된다. 1주택자라도 실거주 요건이 엄격하지 않으면 주택 보유의 주된 유인은 투자 수익이 될 수밖에 없다. 소위 부동산투자 전문가들이 소유 주택과 거주 주택의 분리를 투자전략으로 추천하는 것이 현실이다. 따라서 현행 규제 여건에서는 다주택자만이 아니라 1주택자도 투기 거래의 주요 주체가 될 위험이 있다.

 OECD 주요국들도 자가 거주자 owner-occupier에 대해 장기 대출 기회를 주거나 세제 혜택을 부여하는 지원을 해왔다. 주택 가격이 장기적으로 상승해온 상황에서 높은 자가주택 보유 비중이 자산 불평등 완화에 도움이 되었다는 역사적 경험이 이런 지원 정책의 근거가 되었다. 물론 자가 보유를 지원하는 정책이 임차인보다는 주택 보유자에게 편향되어 정책의 중립성을 훼손하고, 주택 가격을 추가로 상승시키는 요인이 된다는 부정적인 평가도 있다.

그런데 OECD 주요국이 자가 거주자에게 양도세나 주담대 이자 등에 세제상 혜택을 줄 때에는 거주 요건이 우리보다 엄격하다. 주로 집주인이 실제로 거주하는 경우에만 정책적 지원이 이루어진다. '자가 거주자'라는 표현 자체가 많은 것을 얘기한다. 가령, 양도세 감면의 경우 영국은 거주 기간에 비례하여 부여하며, 미국도 매도 직전 5년 중 2년 이상은 거주해야 자격이 된다. 캐나다, 프랑스, 노르웨이도 본인이 거주하던 주택primary residence을 매도한 경우에만 양도세 혜택을 준다.[2]

정치공학적 측면에서 다주택자로 규제 대상을 좁히려는 심정도 이해는 된다. 과반수를 넘는 1주택자의 실거주 요건을 강화하여 부담을 지우는 조치가 인기 없는 정책이 될 것이기 때문이다. 그럼에도 투기 수요에 의한 과도한 쏠림을 억제하고 부동산 시장을 실수요자 위주로 운영하겠다는 정책 목표를 효과적으로 달성하려면, 1주택자에 대한 실거주 요건을 OECD 주요국 수준으로 강화하여 규제의 사각지대를 없애야 한다. 실거주 요건을 강화하는 것이 최근

2　OECD, "Tax relief for home ownership", 2023.

역차별 우려를 낳고 있는 해외 비거주자의 투기 목적 주택 보유에 대해서도 유효한 억제 수단으로 작용할 수 있다. 소수의 다주택자만 통제해서 될 문제가 아니라 1주택 보유자의 투기 욕망도 진정시킬 필요가 있다.[3]

반대로, 주거보다는 자산 증식과 임대 수입을 목적으로 하는 경우, 투자 행태나 시장에 미치는 영향에서 큰 차이가 없는데도 주택 관련 규제는 지나치게 복잡하고 세분화되어 있다. 보유 주택 수, 주택 가격, 주택 크기, 지역 등에 따라 주택 관련 세율과 대출한도를 다르게 설정하고 주택시장 상황에 따라 수시로 변경해왔다. 가령 1주택자든 2주택 이상 보유자든 추가로 주택을 구매하는 동기나 경제에 미치는 영향은 크게 다르지 않은데도 시장 상황에 따라 규제 기준이 되는 보유 주택 수를 조정하며 규제 강도를 조절하였다. 기준을 설정한 근거가 모호하고 제도의 정합성이 부족해 보인다. 실거주하는 주택에 대해서는 일정 정도 우대하되 실거주하지 않는 보유 주택에 대해서는 원칙적으로 동일한 기준을 적용하는 방향으로 분양, 대출, 세금 등 관련 제도를 단순화하여 규제의 정합성과 신뢰성을 높일 필요가 있다.

한편, 최근 지방 주택시장의 부진이 지속되면서 지방 소멸을 완화하기 위해 1가구 2주택에 대한 규제를 완화해야 한다는 주장이

---

[3] 금융위원회는 2025년 6월 28일 발표한 〈가계부채 관리 강화 방안〉을 통해 수도권·규제지역에서 주택담보대출을 받을 경우 6개월 이내 전입을 의무화함으로써 대출 측면에서 실거주 조건을 강화하였다.

제기된다. 수도권 1주택자가 소멸 지역의 주택을 매입해도 1주택으로 인정하자는 제안이다. 비슷한 맥락에서 수도권과 지방 2곳에 주소를 갖는 것을 허용하자는 주장도 있다. 하지만 이런 정책이 실제로 시행되었을 경우 의도치 못한 부작용을 초래할 우려가 있다. 물론 상속 등을 계기로 고향집을 물려받아 수도권과 지방에 2채의 집을 보유하게 되는 경우도 있을 것이다. 하지만 가령 수도권에 주택을 보유하고 있는 사람이 두 번째 주택으로 어떤 주택을 매입할지 생각해보면, 부모님의 고향보다는 현재는 지방 소멸 지역이지만 개발 호재가 있는 지역을 선택할 가능성이 높아 보인다. 즉 현재의 '똘똘한 한 채' 현상이 '똘똘한 두 채' 현상으로 바뀌는 것뿐이다. 특히 이번 대선 과정에서 '5극 3특' 전략 등 전국을 거대 광역권으로 나누고 권역별로 균형적인 지역발전을 도모해야 한다는 제안이 활발하게 논의되었다.

이런 제안이 실행되려면 아직 거쳐야 할 단계가 많지만 그 제안이 실제로 실행된다면 현재 수도권을 중심으로 나타나고 있는 과도한 쏠림이 개발 호재가 있는 지방에도 돌아가며 나타나지 말라는 법이 없다. 또 다른 우려는 지방에 잠재하는 투기 자금이 수도권으로 더욱 몰릴 가능성이다. 수도권 주택 보유자에게 지방주택 추가 보유를 허용하게 되면 형평성 측면에서 다음 수순으로 지방 주택 보유자가 수도권에 두 번째 주택을 추가 보유하는 것을 막을 명분이 약해지기 때문이다. 지방 주택 소유 촉진은 투기를 제어할 세밀한 장치를 두어 조심스럽게 추진해야 하며, 지방 소멸 문제는 지방 주택에 대한 가수요를 일으키는 것보다 좋은 직장과 사회 인프라 확충으로 해결할 일이다.

모두가 자기 집을 가져야 하나?

국토부는 홈페이지를 통해 주거사다리 복원을 주택정책 목표의 하나로 제시하고 있다. 주거사다리 복원정책이란, 누구나 궁극적으로 자기가 소유한 주택에 거주하는 것이 바람직하다고 보고, 전월세에 거주하는 무주택자가 주거 형태를 자가로 전환할 수 있도록 정부가 주거사다리의 원활한 작동을 지원하겠다는 것이다. 주거사다리 복원정책의 밑바탕에는 일부 취약계층을 제외하면 생애 일정 시점 이후에는 주거 형태가 자가로 전환하리라는 전제가 있다. 누구나 생애주기 중 언젠가는 집을 사게 된다면 무주택자가 해당 주택에 당장 거주하지 않더라도 유주택자가 되도록 정책적으로 지원하는 것을 꼭 투기 거래를 조장한다고 색안경을 끼고 볼 필요는 없지 않냐고 주장할 수도 있다. 아무래도 빚을 내서라도 집을 사고 나면 씀씀이를 줄이고 강제로라도 저축을 많이 해서 궁극적으로 그 집에 들어가 살 확률이 높아진다. 언젠가는 자가에 거주해야 하므로 당장 그 집에 거주하지 못해도 집 한 채는 소유하고 있어야 앞으로 집값이 오를 위험에 대비할 수 있다고 주장할 수도 있다.

그런데 수도권 등 일부 지역은 소득 대비 주택 가격이 너무 높아 현재의 가격이 유지된다면 상당수는 평생 소득을 다 모아도 집을 사며 진 빚을 다 갚지 못할 것이다. 정책 지원으로 본인의 경제적 능력에 비해 무리하게 대출을 받아 주택을 구입할 수도 있다. 하지만 그렇게 되면 남은 생애 동안 너무 많은 소득을 빚 갚는 데 지출해야 하므로 다른 항목을 소비할 여력이 줄어들어 삶의 만족도가 낮아진다. 주거 서비스에 대한 과소비로 균형 있는 경제생활이 어려워지는 것이다. 최근 논의되는 지분형 모기지 같은 경우도 정부가 손실 위험까지 부담하며 지원하는 방식이다. 따라서 실제로 도입하려면, 기존 대출 규제를 회피해 가계의 경제적 능력을 넘어서는 고가 주택 구입의 통로가 되지 않도록 세심한 설계가 필요하다. 빚 갚느라 평생을 고생하더라도 집값이 장기적으로 상승하면 자본이득을 누릴 가능성도 있지만, 이미 집값이 높아진 일부 지역은 과거와 같은 장기 상승을 확신하기 어렵다. 직장이나 여러 이유로 이미 집값이 높은 지역에서 살아야 하는 상당수에게 자가 거주는 불가능하거나 고통스러운 선택지일 수 있다.

이들에게는 자기 집 소유를 궁극적 목적으로 하는 주거사다리 복원정책과는 다른, 추가적인 선택지를 제공할 필요가 있다. 이를 위해 취약계층이 아니더라도 이용 가능한 공공임대와 토지 임대부 주택을 충분히 공급해야 한다. 특히 소득 수준에 비해 주택 가격이 높은 지역일수록 양질의 주거 서비스를 제공하는 공공주택 공급을 확대할 필요가 있다. 정부는 공공택지를 개발하여 민간 시행사에게 판매할 것이 아니라 스스로 시행사 기능을 수행하여 공공주택을 공급함으로써 공공이 보유한 토지를 매각하지 않고 보유해야 한다. 공공임대주택은 분양 전환하지 말고 꾸준하게 공급을 확대하여 임대시장에서 공공의 영향력을 확대해야 한다. 자가가 아닌 주거 형태를 선택하려 할 때 가장 우려되는 점은 주거의 지속 가능성과 임대료 인상의 예측 가능성이다. 이 점에서 공공부문이 지속 가능한 모범 사례를 만들 필요가 있다.

공공임대나 토지 임대부 주택의 공급을 늘리기 위해서는 이를 전담할 별도의 기구가 필요해 보인다. 현재 택지나 공공주택을 공급하는 중앙정부 혹은 지방정부 산하 공사는 토지 조성 및 주택 건설을 하고 분양을 통해 개발 이익을 확보한 후, 이를 기반으로 다음 프로젝트로 넘어가는 업무 프로세스를 가지고 있다. 반면, 공공임대와 토지 임대부 주택 업무는 꾸준한 관리가 필요해 조직의 목표와 문화가 다를 것이므로 별도의 기구를 두는 것이 효과적인 운영을 위해 필요해 보인다.

주택 보유세는 벌금인가?

문재인 정부에서의 다주택자에 대한 종합부동산세 중과 조치에 대해, 다주택자를 범죄자 취급하느냐, 부동산 세금이 벌금이냐는 비난이 있었다. 나는 주택에 대한 보유세는 주거 서비스의 품질을 주로 결정하는 사회 인프라를 이용하는 대가라고 보고, 거기에 맞게 제도를 운영할 필요가 있다고 생각한다. 주택의 가치는 건물과 토지 가치의 합인데, 특히 토지 가치는 주로 교통, 교육, 문화시설 등 주변의 사회 인프라가 얼마나 잘 갖춰져 있는지에 따라 결정된다. 인프라 개선을 위해 사회적 비용이 투여되는 만큼, 이를 주로 이용하는 거주자가 사용료를 지불하는 것이 타당하다.

보유세가 사회 인프라에 대한 사용료라면 다주택자라고 해서 더 높은 세금을 부과할 이유는 크지 않아 보인다. 사회 불평등 완화를 위해 누진율 적용이 필요하다면 보유 주택 수보다 자산 가치를 기준으로 누진율을 정하는 것이 타당하다. 다른 나라에서는 보유세가 지방정부의 세수로 귀속되는 경우가 많다. 우리나라는 인프라 투자에 국비가 많이 투입되므로 보유세 세수를 해당 지역에서만 쓰는 것은 공정성에 문제가 있다. 적절하게 지역 배분을 할 필요가 있다.

이런 사용료를 공정하게 부과하려면 주택 가격을 수시로 업데이트하여 현실화할 필요가 있다. 그런 점에서 이전 정부가 공시지가를 납세자가 수용하기 어려운 정도로 빠르게 올리고, 그 반작용으로 다음 정부가 공시지가 현실화 자체를 폐기하는 쪽으로 방향을 튼 건 아쉬운 일이다.[4] 최근 OECD가 회원국들의 부동산 보유세 제도를 비교한 자료에서는 보유세 부과에 현 시세를 반영하는 방식을 효율적인 제도로 권고하고 있다.[5] 다만 보유세는 저소득층, 소득 흐름이 없는 은퇴자에게 부담이 될 수 있다. 따라서 납부 시기를 매도 시 혹은 사망 시로 이연하거나, 저소득층에게는 소득의 일정 부분

---

4   가령, 덴마크는 2002년부터 보유세에 적용하는 주택 가격을 동결하였다가 2021년 납부분부터 시가를 반영하도록 제도를 변경하였다. 제도 변경으로 인한 납세자의 부담을 줄이기 위해 기본 세율을 낮추는 대신 고가 주택에 대해서는 세율을 높이고 분납을 허용하는 등의 경과 조치를 통해 성공적인 제도 이행을 한 것으로 평가받고 있다(OECD, "Housing taxation in OECD countries" 2022).

5   OECD, "Housing taxation in OECD countries" 2022.

이내로 납부 상한을 두는 방안이 제안되고 있다. 과거의 실패를 거울삼아 급격한 세금 부담에 대한 보완책을 세심하게 마련한 후 장기적으로 공시지가를 시세에 점차 수렴시킬 필요가 있다.

조세 수입 측면에서도 보유세 강화가 필요하다. 베이비부머 세대가 은퇴하면서 다음 세대에 재정 부담만 남기고 갈 것이라는 우려가 있다. 우리나라에서 베이비부머는 역사적으로 가장 부유한 세대라는 점에서, 보유세 강화는 이러한 부담을 완화할 수 있다. 세대 간 불평등을 해소하기 위해 증여세 면세 한도를 높여야 한다는 주장도 있지만, 이는 오히려 청년 세대 내의 불평등을 확대하는 요인이 될 수 있다. 노후 준비가 부족한 자기 세대를 자체적으로 책임지기 위해서라도 보유세를 OECD 평균 수준까지 높일 필요가 있다.

한편 지나치게 높은 취등록세는 주택시장에 새로 진입하는 청년 세대에게 큰 부담이 된다. 보유세로 늘어난 세수는 취등록세를 낮추는 데 일부 써야 한다. 주거주택에 대한 양도세 면세에도 한도를 둘 필요가 있다. 거주하는 기간 동안 발생한 사회 인프라 확충으로 인해 상승한 주택 가격은 어느 정도 보유세 납부로 환수되겠지만, 급격한 가치 상승분은 사회로 환원할 필요가 있다. 양도세 감면에 한도를 두는 것도 앞에서 언급한 OECD 자료가 권고하는 바이다.

대출 규제는 효과적인 주택경기 조절 정책인가?

DSR 규제는 대출을 받는 차주의 원리금 상환 능력을 담보 가치가 아니라 소득 대비 원리금 상환액 비율로 평가하며, 차주의 경제력에 비해 과도한 대출이 일어나지 않도록 제어해 거시건전성을 강화하려는 제도이다. 2018년 처음 도입된 이후 점차 범위가 확대되어왔지만, 상환 능력에 맞는 대출이라는 제도의 취지를 살리려면 앞으로도 추가로 확대할 필요가 있다. 전세자금 대출과 보금자리론 및 신생아특례대출 등 정책자금 대출은 DSR 규제의 예외로 인정된다. 가령 신생아특례대출은 LTV 70%와 DTI 60%가 적용되나 DSR 규제는 적용되지 않는다. 또한 집주인에게 전세금은 부채이지만 DSR 규제에 반영되지 않아 본인의 경제력을 초과한 레버리지를 쉽게 일으킬 수 있다.

그간 정책당국은 DSR뿐 아니라 LTV, DTI 등 다양한 대출 규제를 도입하여 경기나 가계부채 상황에 따라 강도를 조절해왔다. 최근 연구에 따르면 대출 규제는 금리, 소득, 주택 공급 등 다른 요인에 비해 주택 경기를 조절하는 수단으로는 효과가 크지 않다.[6] 특히 대출 규제는 완화하면 바로 적용되나 강화하는 경우 규제 저항을 줄이기 위해 점진적으로 적용되어 효과가 비대칭적인 경향이 있다. 따라서 빈번하게 조절할 경우 장기적으로 완화 효과가 우세할 가능성이 있다. 일관된 기준하에 제도를 운영하는 것이 가계와 금융회

---

6 박춘성(〈우리나라의 가계부채 특성과 소비자 금융 제도개선 과제〉, 한국금융연구원, 2024)에 따르면 2001-2016년 주택 가격에 영향을 미친 주요 요인(영향의 정도, %)은 실질금리(+30.5%), 실질소득(+16.8%), 주택 공급(-14.6%), LTV 규제(-3.2%), DTI 규제(-1.3%) 순이다.

사의 건전성을 지키는 데 효과적이다.

물론 세부적으로는 경기 상황에 대응하여 조절이 필요한 규제도 있다. DSR 규제는 차주의 상환 능력 이내로 대출을 제한하는 것이므로 경기 상황과 관계없는 일관된 기준이 필요하다. 반면 스트레스 DSR[7]은 경기 및 가계부채 상황에 따라 향후 예상되는 금리 범위가 달라지므로 이를 반영하여 스트레스 금리 수준을 조절할 필요가 있다. 대출 규모를 주택 가격의 일정 비율 이내로 제한하는 LTV는 금융회사 입장에서 손실 위험을 제어하는 규제이다. 주택시장이 과열되면 향후 가격 하락에 따른 손실 위험이 커지므로 경기에 대응하여 조절할 필요가 있다. 다만, 앞에서 지적한 대로 비대칭성이 문제가 될 수 있는데, 노르웨이처럼 LTV 규제 비율은 일정 수준을 유지하되 금융회사 총대출의 일정 비율(10%)은 규제 적용의 예외로 인정하여 금융회사 자율에 맡기고 그 비율을 경기 사이클에 따라 조절하는 방식도 검토해볼 만하다.

한편, 주택을 담보로 한 대출이라도 거주 목적의 주택 구입, 임대 목적의 주택 구입, 기소유 주택을 담보로 한 생활 및 사업자금 마련 등 차입 자금의 용도가 다를 수 있다. 자금 용도에 따라 대출 성격이나 위험 정도가 달라지므로, 대출 규제를 차입 용도별로 달

---

7 스트레스 DSR은 변동금리대출에 대해 향후 금리 상승 가능성을 반영하여 대출 심사 시 스트레스 금리를 가산하여 차주의 대출 상환 능력을 평가하는 제도이다. 2025년 7월부터 DSR 적용 범위를 넓히고 스트레스 금리를 1.5%포인트로 높이는 스트레스 DSR(Debt Service Ratio) 3단계가 시행되었다.

리하는 방안을 검토할 필요가 있다.

나가며

언제부턴가 부동산정책의 핵심 목표가 국민 자산형성 지원이 된 것인가 하는 생각을 하게 된다. 월급만으로는 살기 어려우니 부동산 투자 혹은 투기를 통해 자산을 증식할 기회를 넓혀달라는 요구가 '청년 지원'이나 '출산 장려'라는 대의를 내걸고 거세지는 모습이다. 어떤 유명인사가 돈을 빌려 빌딩을 사서 큰돈을 벌었다는 기사가 심심치 않게 부러움의 시선으로 다뤄진다.

그렇지만 주거 서비스는 여전히 모두에게 필요한 소비항목이고 토지 공급은 유한하므로 투기는 제어할 필요가 있다. 앞으로도 이 땅을 살아갈 후세를 위해 여전히 자산 증식 지원보다는 주거 안정을 우선시하는 주택정책이 필요하다. 이미 높아진 가계부채의 안정적 관리를 위해서도 그러하다. 집을 살 때 가격 상승을 기대하는 것은 당연하지만, 그렇다고 정부가 나서서 당장 살지도 않을 주택의 구매를 지원해 가수요를 일으킬 이유는 없다. 12·3 계엄사태라는 비상식적인 일을, 선진국이 된 한국에서 겪어낸 우리지만 주택정책만큼은 지극히 상식적인 인식에 기반하여 추진되기를 기대해본다.

13장 국민연금의 전문화와 퇴직연금의 연금화

박창균(자본시장연구원)

왜 연금인가?

두터운 중산층의 존재는 민주주의의 효과적이고 안정적인 작동에 중요한 전제조건 중 하나이다. 중산층은 튼튼한 경제적 기반을 바탕으로 사회·정치적 의제 설정과 논의에 적극 참여함으로써 민주주의를 떠받치는 토대가 되기 때문이다. 자산 보유 측면에서 본다면, 은퇴 후에도 적절한 소비 수준을 유지할 수 있을 만큼 자산 축적이 가능한 계층이다. 자산 축적이 충분하지 못한 경우, 소비에 필요한 현금을 충당하기 위하여 본인의 의사와 관계없이 노동시장에 머물 수밖에 없다. 우리나라 65세 이상 노인의 노동시장 참여율은 2022년 말 기준 37.3%로 OECD 회원국 중 가장 높으며 노인 빈곤율도 40.4%로 OECD 평균 14.2%의 3배에 이르는 압도적으로 높은 수준을 기록하고 있다. 충분치 못한 자산 축적으로 말미암아 많은 노인들이 필요한 소득을 확보하기 위해 노동시장에 참여하고 있지만, 그럼에도 소득이 충분치 못하여 빈곤에 처한 경우가 열 명 중 네 명에 달할 정도로 상황이 좋지 않음을 의미한다.

그렇다면 우리나라 가계의 자산 축적이 어느 정도인지 어떻게 확인할 수 있을까? 우리는 은퇴 후에도 소비를 해야 하는데 이를 위하여 소득이 필요함은 물론이다. 은퇴 이후에는 노동소득에 의존할 수 없으므로 보유 자산의 운용이나 처분을 통해 획득할 수 있는 소득, 즉 자산소득으로 소비에 필요한 현금을 확보해야 한다. 따라서 가계가 보유한 자산 규모가 충분한지는 은퇴 후 누리기를 원하는 소비 수준을 기준으로 판단하여야 할 것이다. 표준적인 경제학 교과서에서는 가계가 외부 환경의 변화, 특히 소득의 변화에 크게 영향을 받지 않는 평탄한 소비를 추구한다고 가르친다. 은퇴와 함께 노동소득이 단절되더라도 자산소득을 활용하여 소비가 지나치게 위축되지 않도록 대처할 수 있을 정도의 자산을 보유하는 것이 바람직할 것이다.

자본시장연구원의 연구에 의하면 우리나라의 일반적인 고령가구는 보유한 금융자산만으로는 적절한 수준의 소비에 필요한 소득의 60% 내외를 충당할 수 있을 정도라고 한다. 물론 고령가구가 보유하고 있는 실물 자산, 특히 주택을 처분한다면 적정한 수준의 소비에 필요한 현금을 확보할 수 있다. 그러나 주택을 보유하고 있지 않은 25%가량의 고령가구는 모자라는 소득을 보충하기 위한 수단이 마땅치 않으며 주택을 보유하고 있는 경우도 현금을 확보하기 위하여 거주하고 있는 주택을 처분한다는 것이 쉬운 선택은 아니므로 상당수의 고령가구가 만족스러운 소비 생활을 보장하는 자산을 충분히 축적하고 있지 못한 것으로 보인다. 자산, 특히 금융자산의 축적 미흡은 고령가구에만 한정된 것이 아니라 우리나라 가구 전체의 일반적인 특징이다. 따라서 은퇴를 멀리 앞둔 청장년층도 저축을 통해 자산 보유 규모를 확대하거나 보유 자산 중 금융자산 비중을 높이지 않는다면 머지않은 장래에 현재 고령가구가 처한 어려움에 직면할 것이라는 점은 어렵지 않게 예상할 수 있다.

이와 같이 예정된 장래의 어려움에 가장 효과적으로 대처하는 방법은, 현재 자산 축적 단계에 있는 청장년층의 금융자산 보유를 대폭 늘리는 것이다. 2023년 기준 우리나라 가계 자산 중 금융자산이 차지하는 비중은 21.4%에 불과하여 미국 71.5%, 일본 63%, 영국 53.8% 등에 비하여 크게 낮은 수준이다. 부동산을 활용한 자산 증식 성공의 기억을 강하게 가지고 있는 현실을 감안한다면 금융자산 비중을 늘리기는 쉽지 않다. 금융자산의 총량뿐 아니라 구성도 은퇴 후 기대할 수 있는 소득 수준을 결정하는 데 중요하다. 금융자산은 크게 현금과 예적금 등 원리금보장 상품, 주식과 채권 등 금융투자 상품, 보험 및 연금 상품으로 구성되는데 원리금보장 상품의 수익률은 금융투자 상품이나 보험 및 연금 상품의 평균 수익률에 비하여 낮다. 따라서 전체 금융자산 중 원리금보장 상품 비중이 높을수록 자산 증가 속도가 느릴 수밖에 없다. 2021년 우리나라 가구의 금융자산 중 원리금보장 상품의 비중은 43.4%에 달하였는데, 이는 미국 13.2%, 호주 21.6%, 유럽연합 31.4%에 비하여 매우 높은 수준이어서 자산 운용을 통한 규모 확대를 기대하기도 어렵다. 가계의 금융자산 축적이 미흡하고 그마저도 수익률이 낮은 상품 위주로 편성되어 있는 현실에, 다른 나라에서 유례를 찾아보기 힘들 정도로 빠른 고령화라는 또 다른 어려움까지 안고 있다. 이런 상황에서 가계 자산 보유 구조에 근본적인 변화가 없다면 노인의 노동시장 참여율과 빈곤율이 다른 나라에 비해 매우 높은 바람직하지 못한 현실이 앞으로도 쉽게 해소되기는 어려울 것이라는 다소 암울한 결론에 도달한다.

은퇴 후 소득 확보를 위해 금융자산 규모를 확대해야 하는 과제 해결의 실마리는 연금 자산에서 찾을 수 있다. 연금은 법령에 의하여 연금보험료 납부가 의무화된 강제 연금과 가입자가 납부 여부와 금액을 자유롭게 결정하는 자발적인 임의 연금으로 구분할 수 있는데, 국민연금과 퇴직연금이 전자에 해당하고 개인연금은 후자에 해당한다. 임금근로자의 경우 사용자와 근로자가 각각 임금의 4.5%씩 부담하여 총 9%의 국민연금 보험료를 납부하고, 자영업자 등 사용자가 없는 지역 가입자는 본인이 소득의 9%를 국민연금 보험료로 납부한다. 퇴직연금은 임금근로자의 경우에만 납부 의무가 부과되는데 사용자가 매년 연간 임금의 1/12, 즉 8.3%에 해당하는 금액을 납입한다. 따라서 임금근로자는 매년 소득의 17.3%를 자신의 의지와 관계없이 강제로 저축하는데 이는 적은 규모가 아니다. 더하여 강제 연금은 원칙적으로 중도 인출을 허용하지 않으므로 은퇴 연령 도달 시 연금으로서의 기능을 충분히 수행할 수 있을 정도의 자산 축적 가능성을 높인다. 개인연금이나 예금 등 다른 금융자산의 경우에도 개인 스스로 꾸준한 저축을 통하여 연금으로서 기능할 수 있는 수준의 자산을 축적할 수 있을 것이다. 하지만 행태적 편의behavioral biases로 인하여 개인들이 외부의 강제 없이 장기간에 걸쳐 일관된 저축 습관을 유지하기 힘들다는 것은 잘 알려진 사실이다.

한편, 연금 자산의 운용 대상으로 수익률이 상대적으로 높은 주식이나 채권 등 금융투자 상품이 상당 부분 차지하므로 수익을 통한 자산 확대 측면에서도 연금이 유용한 수단이 될 수 있다. 예를 들어 2025년 3월 현재 1,227조 원에 이르는 적립금을 운용하고 있는 국민연금의 경우, 보유 자금의 99.7%를 금융투자 상품과 부동산이나 인프라 등 대체투자 상품에 투자하여 높은 투자 수익을 추구하고 있다.

정리하면, 우리나라 가계는 은퇴 후 원활한 수준의 소비에 필요한 소득을 확보하기에 충분하지 못한 수준의 자산을 보유하고 있으며, 이를 타개하기 위한 수단으로 연금, 특히 강제 연금이 유용하게 활용될 수 있다. 이하에서는 강제 연금인 국민연금과 퇴직연금을 활용한 자산 확대에 장애로 작용하는 문제점을 점검하고 바람직한 해결 방안에 대하여 논의한다.

국민연금 자산 운용에 대한 오해와 지배구조 개편

국민연금 전체 적립금 중 국내 주식 투자 비중은 2000년대 들어 계속 상승하여 2020년 21.2%로 정점에 도달하였다. 그러나 국내 주식시장에 대한 과도한 영향력, 투자 위험 분산, 수익률 제고 등을 이유로 해외 주식 투자와 대체투자 비중이 대폭 확대되면서 국내 주식 투자 비중은 2022년 14.1%, 2024년 11.6%로 크게 하락하였다. 이에 대하여, 가장 큰 규모의 투자 재원을 가지고 있는 국민연금이 국내 주식 비중을 줄임으로써 주식시장 수요 기반이 축소되어 주식시장은 물론 경제 전반에 걸쳐 부정적인 결과가 초래될 수 있다는 우려가 특히 개인 투자자들을 중심으로 제기되었다. 개인 투자자들의 요구 때문인지는 알 수 없으나 정치권을 중심으로 국민연금의 국내 주식 투자 확대를 요구하는 목소리가 커지면서 기금 자산 운용에 압력으로 작용하고 있다. 한편 최근 상장기업을 지배하는 대주주와 일반 주주 간 이해관계 대립으로 논란이 발생하거나 주주총회에서 표 대결이 이루어지기도 하는데, 대주주와 일반 주주의 충돌 과정에서 국민연금에 대하여 한쪽을 선택하라는 압력이 가해지는 경우도 많다. 국민연금이 상당수 상장기업에서 무시할 수 없을 정도의 지분을 보유하고 있으며 지분 구조에 따라서는 다툼의 결과를 결정할 수도 있기 때문이다.

2023년 말 기준으로 우리나라를 대표하는 상장기업에 대한 국민연금 지분율을 살펴보면 삼성전자 7.28%, SK하이닉스 7.98%, 네이버 9.31%, 현대차 7.15% 등이다. 이들 대기업의 대주주 지분과

우호 지분이 대체로 30% 내외 수준임을 감안한다면, 국민연금은 기업 가치에 큰 영향을 미칠 중요한 의사결정에서 상당한 영향력을 행사할 수 있는 지위를 차지하고 있다. 기업의 안정적인 경영을 위하여 대주주의 입장을 지지해야 한다는 주장과, 대주주의 전횡을 견제하기 위하여 일반 주주의 이익을 대변해야 한다는 주장이 대립하고 있다. 그러나 국민연금이 한쪽의 입장을 일방적으로 지지할 수 없고 사안에 따라 국민연금에 가장 이익이 되는 방향으로 의결권을 행사하여야 할 것이다. 이러한 사회적 요구와 압력이 국민연금의 이익과 일치하는 방향으로 작용한다면 별다른 문제가 되지 않겠지만 현실은 그렇지 않은 경우가 많다. 국민연금이 외부 집단, 특히 정치적 이해관계를 대변하는 집단의 요구나 압력에 굴하지 않고 자신의 이익에 최대한 부합하는 방향으로 의사결정을 내릴 수 있도록 제도적 토대를 정비할 필요가 있다.

논의를 이어가기 전에 먼저 국민연금의 이익이 구체적으로 무엇인지를 명확하게 정의할 필요가 있는데 이를 위해 국민연금의 운영 방식을 간략히 소개한다. 국민연금과 퇴직연금을 포함하여 모든 연금의 운용 방식은 확정급여형과 확정기여형으로 구분할 수 있다. 확정급여형 연금은 약속한 시점부터 사망 시까지 지급될 연금 급여액이 가입 시 미리 확정되어 있는 연금이다. 약속된 급여 지급에 대한 책임은 연금 운영자pension sponsor가 지는데, 국민연금의 경우 국가이며 퇴직연금의 경우 기업이다. 연금 운영자는 미래 예상되는 급여 지출에 대응하기 위하여 연금보험료를 재원으로 기금을 운용한다. 따라서 가입자는 연금기금의 자산 운용 결과에 영향을 받지 않는다. 확정기여형 연금의 경우 가입자가 일정한 연금보험료를 납부한 이후, 축적된 보험료를 직접 운용하여 연금 급여의 재원을 마련하므로 연금 자산의 운용 결과에 따라 급여가 결정된다. 국민연금은 확정급부형이며, 퇴직연금은 연금 운영자와 가입자 간 합의에 따라 확정급부형 또는 확정기여형으로 운영된다.

정부는 국민연금의 연금 운영자로서 연금보험료를 징수하고 연금 급여를 지급한다. 현재는 수입이 지출보다 많아 흑자가 발생하고 있으므로 국민연금기금을 설치하여 적립금을 쌓아나가면서 여유 자산을 투자하고 있다. 그러나 적립금은 2048년 정점에 달한 후 빠르게 감소하여 2064년 소진될 것으로 예상된다. 2064년 연금 적립금이 소진되면 급여 지급이 중단될 것이라는 잘못된 믿음이 국민들 사이에 널리 퍼져 있는데, 바로 이 지점에서 국민연금제도에 대한 불신이 싹트고 있다. 적립금이 소진되더라도 연금 보험료율을 인상하여 국가가 국민에게 약속한 급여는 계속하여 지급될 것이며, 연금의 지출이 수입을 넘어서는 부분은 연금보험료를 인상하여 보충할 것이다. 국가가 국민을 고의로 속이는 일은 없을 것이다.

적립금 소진으로 현재 청년 세대, 특히 20~30대 가입자들이 보험료만 납부하고 연금은 받지 못할 것이라는 주장은, 국민연금제도의 운영 방식을 이해하지 못한 데서 기인한 오해인 것으로 판단된다. 물론 적립금 소진 이후에 연금보험료를 납부하는 세대의 보험료율이 크게 상승하여 엄청난 부담을 떠안을 수 있지만, 파국적인 상황이 도래하기 전에 제도의 장기적 지속 가능성을 확보할 수 있도록 제도 개편이 이루어질 것이다. 적립금 소진으로 인하여 미래 세대에 감당할 수 없는 부담을 지우는 사태를 방지하기 위해서는, 연금보험료와 연금급여의 조정이 이루어져야겠지만 적립금이 소진되지 않고 남아 있는 시기에 투자 수익률을 높이는 것도 중요한 대처 방안 중 하나이다.

국민연금의 적립금 운용과 관련된 지배구조를 이해하기 위해서는 기금운용위원회와 기금운용본부의 기능과 역할에 집중할 필요가 있다. 기금운용위원회는 국민연금기금의 운용에 관한 최고 의사 결정기구로 보건복지부 산하에 설치되어 있는데 기업의 이사회와 같은 기능을 한다. 기금의 기본적인 투자 정책, 기금운용 지침, 전략적 자산 배분strategic asset allocation 등과 관련되는 의사결정을 하며, 보건복지부 장관을 위원장으로 20인의 위원으로 구성된다. 기금운용본부는 국민연금 적립금의 운용을 전담하기 위해 설립된 기구로, 전술적 자산 배분tactical asset allocation, 포트폴리오 관리, 투자 위험 관리, 의결권 행사 등 투자 자산 관리 활동을 수행한다. 기금운용위원회와 기금운용본부를 중심으로 하는 현재의 국민연금기금 운용 지배구조는, 고도의 전문적인 판단을 요구하는 투자 활동에 적합하지 않고 외부 압력에도 취약하다는 비판이 지속되고 있다. 이는 국민연금에 대한 불신의 중요한 요인으로 작용하고 있다.

자원에 대한 소유와 관리가 분리되어 있고 관리권을 행사하는 주체의 행위를 소유자가 완전히 통제할 수 없는 상황, 소위 정보의 비대칭asymmetry of information이 존재하는 경우 관리자가 소유자의 이익에 반하여 자신의 이익을 추구하는 이해상충은 피할 수 없는 문제이다. 이해상충이 발생하는 경우 법률적으로 소유자의 이익이 부당하게 침해될 뿐 아니라, 경제적으로도 비효율적 자원 배분으로 인하여 사회 후생에 부정적인 결과가 초래된다. 국민연금이 보유한 기금 자산의 소유권자는 국민연금 가입자인 국민이며, 약속한 급여를 궁극적으로 책임지는 것은 국민연금이고, 관리자는 기금운용위원회와 기금운용본부이다. 기금운용위원회와 기금운용본부의 행위를 소유권자인 국민이 완전하게 통제할 수 없으므로 국민연금기금의 운용에도 이해상충의 문제가 발생할 수 있다. 따라서 국민연금기금 소유자인 국민의 권익을 최대한 확보하고 자원 배분의 효율성을 제고하기 위해 이해상충 행위를 통제할 수 있는 제도적 장치, 즉 효과적이고 효율적인 기금운용 지배구조를 구축할 필요가 있다.

계약이론contract theory의 처방에 따르면, 기금운용의 결과에 직접적으로 영향을 받는 이해관계자, 즉 잔여청구권자residual claimants에 연금기금 운용에 대한 최종적인 통제권을 부여함으로써 이해상충에 대응하는 것이 이상적인 해법이다. 잔여청구권자는 연금기금의 운용 성과와 직접적인 관계를 맺고 있으므로, 이해관계자를 대신하여 연금기금을 운용하는 기금운용위원회와 기금운용본부의 행위를 감시하고 통제할 유인을 가장 크게 보유하고 있기 때문이다. 국민연금과 같은 확정급여형 공적 연금기금의 잔여청구권자는 연금 지급을 책임지는 국가, 좀 더 정확하게는 납세자이다. 확정급여형 연금에서는 지급되는 연금급여의 규모가 미리 결정되어 있으므로 기금운용 성과가 부진하여 미적립 연금 부채가 발생하는 경우 추가적인 보험료 징수로 이를 메워야 하고, 그 부담은 최종적으로 납세자에 귀착되기 때문이다. 향후 상당 기간 동안 국민연금기금의 적립금이 유지될 것으로 예상되므로 엄격한 의미에서 국민연금기금의 잔여청구권자는 적립금 고갈 이후 기금의 수입과 지출 간 차이를 보전할 의무를 부담하게 될 미래 납세자라고 할 것이다. 물론 향후 연금 재정의 건전성 유지를 위해 제도 변경을 통해 연금보험료가 인상되거나 연금급여가 축소될 가능성을 배제할 수는 없다. 따라서 현재 가입자도 국민연금기금의 운용 성과에 영향을 받을 수 있고 따라서 잔여청구권자 범주에 포함될 수 있다. 하지만 연금 제도의 변화는 경제적인 요인뿐만 아니라 정치적 타협을 거쳐야 하는 것이어서 연금기금의 운용 성과와는 이차적인 관계를 갖는다. 이런 점에서 미래 납세자에 비해 잔여청구권자로서의 우선순위는 낮다고 할 것이다.

따라서 국민연금기금 지배구조의 적절성 여부는 잔여청구권자인 미래 납세자의 이해관계가 충실하게 반영되도록 설계되어 있는지를 기준으로 판단하여야 한다. 구체적으로 잔여청구권자에 대한 책무성accountability과 기금운용의 전문성expertise을 담보할 수 있도록 지배구조가 설계되어야 한다. 책무성이란, 관리자인 기금운용위원회와 기금운용본부가 자산 운용 과정에서 잔여청구권자의 이익을 최대화하기 위하여 최선의 노력을 기울여야 하며 그렇지 못한 경우 책임을 지울 수 있어야 함을 의미한다. 전문성이란, 투자 의사결정에 필수적인 고도의 전문 지식과 경험을 갖추고 있어야 한다는 뜻이다.

전문성과 책무성 모두에서 현재 기금운용위원회의 구성과 운영에는 심각한 문제가 존재한다. 기금운용위원회는 보건복지부 장관이 위원장을 맡고 기획재정부를 위시하여 4개 부처 차관과 국민연금공단 이사장, 사용자 단체가 추천하는 3인, 근로자 단체가 추천하는 3인, 지역 가입자를 대표하는 단체가 추천하는 6인, 국민연금 전문가 2인 등 20인으로 구성된다. 그러나 각 단체의 추천 이외에는 법령이 위원의 자격요건을 규정하지 않아서 전문성을 인정하기 힘든 인사들이 기금운용위원회를 구성하고 있다. 기금운용위원회를 통한 의사결정에 대하여 광범위한 이해관계자의 지지를 확보하려는 취지에서 이러한 조직 구성을 택한 것으로 보이는데, 현재까지의 경험에 비추어 볼 때 추천권을 가진 단체들이 충분한 전문성을 갖춘 인사를 추천하는 경우는 많지 않다.

책무성 측면에서도 현재 기금운용위원회의 구성은 상당한 문제를 내포하고 있다. 구성 원리상 기금운용위원회 위원은 기금의 이익보다는 자신을 추천한 단체의 이익이나 주장을 대변할 가능성이 높다. 기금이 보유한 주식의 의결권 행사를 둘러싸고 사용자 추천 위원과 근로자 추천 위원 사이에 대립이 발생한 사례를 예로 들 수 있다. 무엇보다도 잘못된 의사결정으로 손실이 발생하는 경우 기금운용위원을 교체하는 것 외에 책임을 물을 수 있는 별다른 방법이 존재하지 않는다. 기금운용위원은 비상근 무보수 명예직이므로 위원 지위의 상실이 별다른 경제적 타격이 될 수 없기 때문이다.

기금운용위원회의 전문성 미흡이라는 현실적 어려움에 대처한다는 목적으로 산하에 투자정책전문위원회, 수탁자책임전문위원회, 위험관리·성과보상전문위원회 등 기금운용위원 일부와 관련 전문가로 구성된 세 개의 전문위원회가 설치되어 있다. 기금운용위원회가 자산 운용 전문가로 구성된다면, 이처럼 누가 봐도 이상한 '옥상옥' 구조는 필요없을 것이다. 전문위원회에 전문가들을 배치함으로써 전문성 미흡 문제는 상당 부분 해소되었다고 볼 수 있으나 전문위원회 구성원도 원칙적으로 기금운용위원회 구성원과 마찬가지로 이해관계자를 대표하는 각종 단체가 추천하도록 되어 있어 기금운용위원회에 내재하는 책무성 담보 장치의 부재 문제는 여기에도 존재한다.

이와 같이 전문성과 책무성 측면에서 비판의 대상이 되고 있는 국민연금 기금운용의 지배구조를 근본적으로 개편함으로써 제도에 대한 국민의 신뢰를 회복할 필요가 있다. 기금운용위원회와 전문위원회의 이중 구조는 기금운용위원회가 전문성을 보유하고 있으면 자연스럽게 해소될 수 있을 것이다. 더하여 현재 기금운용위원회는 보건복지부 산하에 설치되어 있으나 기금운용위원회의 지침과 지시에 따라 적립금을 운용하는 기금운용본부는 국민연금공단 소속으로 되어 있다. 이사회와 실무 조직이 별도의 명령체계에 소속되어 있는 기형적인 구조를 취하고 있다. 이러한 문제점을 해소하고 기금운용의 전문성과 책무성을 확보하기 위해서는, 보건복지부 산하에 국민연금기금운용공단을 신설하고, 기존 기금운용위원회는 공단의 이사회로 전환하며, 기금운용본부는 실행 조직으로 편입하는 방안을 추진해야 한다. 신설 공단의 이사는 전원 상임으로 공개모집을 통하여 선임하되 자산운용 분야에서 풍부한 지식과 경험을 쌓은 인사들로 자격요건을 엄격하게 한정하여야 할 것이다. 이사회 산하에 투자 전략, 위험 관리, 주주권 행사 관련 소위원회를 설치하고, 이사회 구성원이 이들 소위원회를 구성함으로써 현재의 복잡한 지배구조를 간결하고 효율적인 방향으로 개편할 수 있을 것이다. 이에 대하여 사용자, 근로자, 지역 가입자 단체가 대표성 상실을 이유로 반대할 것이 예상되는데, 이에 대응하여 각 단체가 추천하는 인사들로 국민연금기금운용공단 감독위원회를 별도로 구성하고, 여기에 기금운용공단 이사 선임권과 임직원 성과 평가 및 보상 결정권을 부여하는 방안을 검토해볼 수 있다.

퇴직연금 '연금화'를 위한 제도 개편 과제

현재의 국민연금제도에 대한 가장 큰 비판 중 하나는 연금 지급액이 너무 적어 연금으로서 충분한 역할을 기대하기 힘들다는 점이다. 국민연금의 소득대체율은 40%로 설계되어 있는데, 이는 수급 개시 연령에 도달하면 생애 월평균 소득의 40%에 해당하는 연금을 사망 시까지 매월 수령한다는 뜻이다. 평균적인 고령자가 빈곤한 생활을 걱정할 수준은 아니다. 그러나 이러한 계산은 국민연금 가입 기간 40년 이상이라는 이상적인 상황을 전제로 한 계산일 뿐 현실과는 거리가 멀다. 국민연금의 평균 가입 기간은 26년 정도에 그칠 것으로 예상되므로 평균 소득대체율은 40%가 아니라 27% 수준에 불과할 것이다. 한편 퇴직연금에 가입된 급여생활자의 경우 국민연금과 유사한 수준의 연금보험료를 납부하므로, 국민연금과 같은 방식으로 관리 및 운용된다면 적어도 20% 이상의 추가적인 소득대체율을 확보할 수 있을 것이다. 그러나 이것도 어디까지나 희망 섞인 예상에 지나지 않으며, 현재의 퇴직연금 제도에 내재하는 문제점을 극복하지 못하는 한 국민연금과 함께 은퇴 후 소비의 든든한 버팀목으로서 퇴직연금이 중요한 역할을 할 것이라는 기대를 하기 힘든 것이 사실이다.

먼저 퇴직연금의 낮은 가입률 문제를 지적할 수 있다. 퇴직연금은 상용 임금근로자로 가입을 한정하고 있으므로 전체 근로자의 약 20%에 해당하는 자영업자는 제도에 대한 접근이 원천적으로 봉쇄되어 있다. 더하여 법률은 퇴직연금 채택을 권고하고 있을 뿐 강제하고 있지 않아 2023년 말 기준 전체 가입 대상 근로자 1,272만 명의 53%인 675만 명만이 퇴직연금에 가입하고 있다. 따라서 전체 근로자의 약 40% 정도만이 은퇴 후 소득 확보 수단으로 퇴직연금을 활용할 수 있어서 74%에 이르는 국민연금 가입률과 비교하면 매우 한정된 수단임을 확인할 수 있다. 다만 올해부터 기업 규모에 따라 고용보험 의무화가 점진적으로 확대되어 2030년에는 전체 임금근로자로 확대될 예정이므로 낮은 가입률로 인한 문제는 상당 부분 해소될 것으로 보인다. 현재 20대와 30대 임금근로자의 경우 퇴직연금 사각지대가 대부분 해소되어 보장 범위가 국민연금 수준으로 확대될 것이기 때문이다. 자영업자의 경우 폐업이나 노령을 이유로 소득이 중단될 때를 대비해 노란우산공제를 통하여 퇴직연금과 유사한 보호장치가 제공되고 있으나 가입이 의무가 아니어서 여전히 뚜렷한 한계가 존재한다.

다음으로 퇴직연금의 연금화 비율이 너무 낮아 은퇴 후 소득 확보 수단으로서 기능을 수행하기 힘들다는 점을 문제로 지적할 수 있다. 퇴직 시점에 도달하여 적립금을 연금화하지 않고 일시금으로 수령하는 비율은 2023년 89.6%에 달하였다. 최근 들어 연금 선택 비율이 빠르게 증가하고 있으나 여전히 10% 수준에 그치고 있어 연금으로서 제기능을 원활하게 수행하기 힘들다는 진단이 지배적이다. 적립금을 연금화하지 않고 일시에 인출하는 은퇴자 수가 압도적으로 많은 가장 큰 이유는, 은퇴 시점까지 적립된 금액이 장기간에 걸쳐 나누어 쓸 만큼 충분하지 않기 때문이다. 이는 연금화 비율이 은퇴자 수를 기준으로 10.4%에 불과한 반면 금액을 기준으로 하면 49.7%에 달한다는 점을 통하여 확인할 수 있다. 늦은 입직과 빠른 은퇴, 저임금 근로자의 잦은 이직 등 우리나라 노동시장의 특성이 반영된 결과인 것으로 보인다. 연금화를 촉진하기 위해, 연금 선택 시 일시금 수령보다 30~50%가량의 퇴직소득세 절세 혜택을 제공하고 있음에도 불구하고 낮은 연금화 비율은 해결하기 힘든 난제 중 하나로 남아 있다.

비교적 쉬운 중도 인출도 적립금 규모가 만족스럽지 못한 데에 일정 부분 기여한다. 퇴직연금 적립금의 중도 인출은 원칙적으로 금지되지만 무주택자의 주택 구입과 전세 및 임차 보증금 마련, 6개월 이상 장기 요양 필요 등의 사유가 발생하는 경우 적립금의 50% 한도 내에서 중도 인출을 허용한다. 국민연금의 경우 사망이나 국적 상실 등의 경우를 제외하고 중도 인출을 허용하고 있지 않으며 일시금 지급도 가입 기간 10년 이하로 연금화가 사실상 불가능한 경우를 제외하면 허용하지 않고 있어 퇴직연금과 대비된다.

한편 개인형 퇴직연금IRP 중도 해지와 퇴직연금 중도 인출로 인하여 은퇴 이전에 적립금 규모가 크게 감소하는 경우는 2023년 전체 가입자 수의 15.1%, 전체 적립액의 4.9%에 달하여 무시할 수 없는 수준이다. 현재 IRP의 중도 해지나 퇴직연금 중도 인출을 억제하기 위해, 연금보험료 납부 시 세액공제 받은 금액과 운용 수익에 대해 기타소득세 16.5%를 부과하고 있다. 연금 수령에 비해 불이익을 주는 것이다.

법률로 중도 인출이나 일시금 수령에 대하여 국민연금과 유사한 수준의 엄격한 제한을 가한다면 연금화가 크게 촉진되겠지만 현실은 그렇지 못하다. 이는 퇴직연금의 법적 성격에 대한 해석에서 파생된 결과인 것으로 보인다. 2005년 퇴직연금 도입 이전 근로기준법에는 사용자가 근로자 퇴직 시 근무 기간 및 임금 수준 등에 비례하여 퇴직금을 지급하도록 규정되어 있었는데, 법원은 반복적인 판례를 통해 퇴직금이 재직 중 근로자에게 지급해야 할 임금을 퇴직시에 사후적으로 지급하는 후불 임금으로 성격을 규정하고 있다. 경제적 본질과 적립금 관리 방식을 감안할 때 퇴직연금은 퇴직금을 단순하게 승계하는 것이 아니라 본질적으로 다른 제도라고 해석된다. 그럼에도 불구하고 퇴직연금 적립금에 대해 후불 임금의 성격을 인정하여 현재는 근로자에게 적립금 관리에 대한 통제권을 상당히 폭넓게 인정하고 있다. 그러나 은퇴 후 안정적인 소비생활 영위에 필요한 소득을 보장할 목적으로 퇴직연금을 도입한 이상, 제도가 제기능을 발휘할 수 있도록 제도를 정비할 필요가 있다. 구체적으로는 퇴직연금의 최대 중도 인출 비율을 현재 50%에서 대폭 낮추거나 연금화를 강제하는 등의 조치를 검토할 필요가 있다.

마지막으로 퇴직연금 적립금의 운용 수익이 지나치게 낮다는 점을 지적할 수 있다. 2023년을 기준으로 할 때, 퇴직연금의 지난 10년간 연 환산 수익률은 2.07%로 국민연금 5.66%의 절반에도 미치지 못하며 원리금이 보장되는 금융상품의 2.01%와 별다른 차이가 없다. 장기간에 걸쳐 부진한 수익률이 지속됨에 따라 운용 수익을 재투자하여 추가 수익을 추구할 수 있는 여지가 크게 축소되었다. 이는 적립금 규모 성장에 장애 요인으로 작용할 뿐 아니라 중도 인출이나 중도 해지를 선택하는 원인이 되기도 한다. 퇴직연금 수익률이 낮은 원인은, 적립금 중 원금보장형 상품으로 운용된 비율이 87.2%에 달해 예금이나 적금 등과 같은 안전자산 쏠림 현상이 심하기 때문이다. 가입자의 선택에 따라 위험자산 편입을 대폭 확대할 수 있는 확정기여형 연금이나 개인퇴직계좌의 경우에도 원리금

보장 상품의 비중이 70~80% 수준을 차지하고 있다.

확정급여형 연금의 경우에도 기업이 연금부채 부담 경감을 위하여 주식이나 채권 등 실적배당형 상품을 적극적으로 수용하는 노력을 할 필요가 있으나, 원리금보장 상품에 90%가 넘는 적립금을 배분하고 있다. 역시 확정급여형 연금인 국민연금이 원리금보장 상품에 사실상 투자하지 않는 적극적인 자산 운용으로 높은 수익률을 거두고 있는 것과 대비된다. 해법은 실적배당 상품 중심으로 적립금을 운영하는 데서 찾을 수 있는데, 특히 근로자의 결정에 따라 보다 공격적인 자산 운용이 용이한 확정기여형 연금 비중을 확대하고 위험자산 투자 확대를 유도할 필요가 있다. 미국의 확정기여형 퇴직연금인 401k에서는 위험자산 투자 비중이 90%에 육박하며, 호주의 'MySuper' 역시 70% 이상의 적립금을 주식이나 채권 등 위험자산에 투자하는 것으로 알려져 있다.

전 국민 10명 중 2명이 65세 이상 노인인 초고령 사회로 이미 진입한 상황에 놓여 있다. 국민연금과 퇴직연금을 버팀목으로 삼고 필요한 경우 개인연금을 추가하여, 은퇴 후 소득 감소로 인한 충격으로부터 국민 각자가 스스로를 지킬 수 있는 제도적 환경을 구축하는 것은 국가의 중요한 임무라고 할 것이다.